国家技术转移专业人员能力等级培训
（塔里木大学南疆技术转移中心）

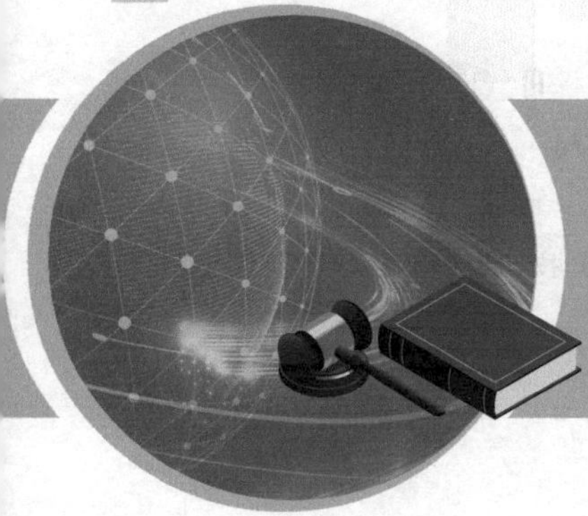

科技法律知识

主编　刘子龙　简端良　马秋洁
其他编者　胡　云　王　沾

中国农业科学技术出版社

图书在版编目（CIP）数据

科技法律知识 / 刘子龙，简端良，马秋洁主编 . --北京：中国农业科学技术出版社，2024. 6

ISBN 978-7-5116-6822-6

Ⅰ. ①科… Ⅱ. ①刘…②简…③马… Ⅲ. ①科学技术管理法规-基本知识-中国 Ⅳ. ①D922. 174

中国国家版本馆 CIP 数据核字（2024）第 099448 号

责任编辑 张国锋
责任校对 李向荣
责任印制 姜义伟 王思文

出 版 者 中国农业科学技术出版社
北京市中关村南大街 12 号 邮编：100081
电 话 （010）82109705（编辑室） （010）82106624（发行部）
（010）82109709（读者服务部）
网 址 https://castp.caas.cn
经 销 者 各地新华书店
印 刷 者 北京建宏印刷有限公司
开 本 148 mm×210 mm 1/32
印 张 7. 25
字 数 208 千字
版 次 2024 年 6 月第 1 版 2024 年 6 月第 1 次印刷
定 价 48. 00 元

前　言

当今世界正发生前所未有之大变革，随着科技发展，全球一体化进程的深入，国家之间在各个领域的合作越来越密切。伴随着合作，竞争与斗争也无处不在，且越演越烈、形式更多样化。从宏观来看，国与国之间的竞争主要体现在科技力量的碰撞，例如中美贸易摩擦，归根结底是科技力量的竞争、知识产权的斗争。从微观来看，是科技人才的竞争、国家重点企业的竞争。

2018 年 5 月 28 日，习近平总书记出席两院院士大会并发表重要讲话，强调中国要强盛、要复兴，就一定要大力发展科学技术，努力成为世界主要科学中心和创新高地。习近平总书记同时指出，科技强国战略是人才引领发展的战略，硬实力、软实力，归根到底要靠人才实力。科技体制改革就是要把人的创造性从不合理的经费管理、人才评价等体制束缚中解放出来。科学研究是最具创造性的活动，也是最依赖创新激情的活动。所以，良好的科技体制应当能够激励科技人员进行创新活动，充分发挥创新激情。

在此背景下，2021 年 12 月 24 日，《中华人民共和国科学技术进步法》由第十三届全国人民代表大会常务委员会第三十二次会议第二次修订通过，并于 2022 年 1 月 1 日起施行。

本书作为《民商事法律基础知识》《专利法律知识》的姊妹篇，聚焦国家对于科学技术创新、科学技术进步的保障和支持，通过对国家层面、地方各级人民政府层面对于科学技术促进、科学技术普及以及科学技术成果转化制度的深入分析、研究，旨在总结和提炼一份完善的科学技术法律保障体系图景，从而帮助相关专业人员迅速、全面熟悉与掌握相关法律政策。通过本书的学习，相关人员可以对我国现行涉及科学技术促进和科技成果转化的体系和方法有一个全面系统的了解和熟悉。本书可为国家技术转移专业人员能力等级培训提供教材教辅参考，也可为国家技术转移专业人员的实务实践提供参考。

本书的撰写与成书出版受到塔里木大学南疆技术转移中心的资助。同时，本书还受到新疆生产建设兵团科技计划项目“国家级技术转移人才培养基地支撑能力建设”（2022DA003）和“中央引导地方科技——南疆技术转移中心”（2020ZY006－1）项目的资助，在此表示特别感谢。

目　录

第一章　科学技术法律的基本范畴

第一节　科技法的概念及特征

一、科技法的概念

（一）科技法调整科学技术活动领域的社会关系

科学技术法，简称为科技法。是国家调整科学技术活动中所形成的社会关系的法律规范的总称，是我国社会主义法律体系的一个重要组成部分。

科学技术活动主要指科学研究、技术开发、科技成果推广应用的全过程，是人类认识、改造世界的工具，科学技术活动有着自身的发展规律。21 世纪是以科技创新为主导的世纪，科教兴国、科技立国是全世界人民的共识。20 世纪末，全球不少国家和地区出台了许多促进科技发展的新举措，我国当然也紧跟时代步伐。随着科教兴国战略的确定，“科学技术是第一生产力”的观念也一步步进入大众视野并深入人们脑海之中。科技发展与我国的法治建设是相辅相成、相互促进、共同进步的关系。一方面，科技进步推动法律进步，会扩大法律的调整范围。科学技术的发展规律客观上要求有效的组织和协调，并调整好科学技术活动中的社会关系，因此需要国家以法律的形式明确科学技术发展在国家经济和社会发展中的战略地位、科技发展规划和组织、科技管理体制、科技奖励制度、科技活动主体之间的权利义务关系等。为了预防科学技术在运用过程中的危害、降低其带来的消极影响，仅仅依靠技术规范是不够的，还需要将原来调整人与自然关系的技术规范转化为法律规范，以国家强制力作为保障人们遵守和执行的支撑。由于人类活动范围的扩大，人类所到之处必然就会有利益之争，那么法律的调整范围也会随之扩展。另一方面，法治推动科技体制改革，保障和促进科学技术的发展。对科学技术体制的改革，是为了适应社会主义市场经济体制，也是符合科技自身发展规律的。为了激发科技工作者的积极性、推动科学技术的进步，法律必须对科研人员所付出的脑力劳动予以保护，必须确认知识的精神和物质价值，保护知识产权和无形财产权，将脑力劳动成果与脑力劳动者的利益挂钩。这对提高我国经济竞争力、促进科技成果的转化、激发权利人科技创新动力等有着驱动力。

因为科技法的概念尚未有明确的定义，所以学术界使用的概念大都来自 1986 年国家科学技术委员会发布的《中国科学技术指南》中对科技法所下的定义："所谓科技法，指的是调整科学技术活动中社会关系的法律规范的总称"。① 也有学者认为可以将科技法定义为："所谓科技法，是指国家调整因科学技术所产生的各种社会关系法律规范的总称。"② 这两种表述都是从调整规范某一类社会关系的角度出发来对科技法进行定义。

为了方便大众理解，我们不妨将科技法解释为调整科学技术活动领域社会关系的法律规范的总称。对这一解释，需要做以下说明：首先，对科技法概念的这一解释是对科学技术法的法律功能的重申。它调整的是因科学技术活动而产生的社会关系。法律，作为由国家制定或认可并依赖国家强制力保证实施，反映由特定社会物质生活条件所决定的统治阶级意志，是以权利和义务为内容，以确认、保护和发展对统治阶级有利的社会关系和社会秩序为目的的行

① 国家科学技术委员会. 中国科学技术指南（科学技术白皮书第 1 号）. 科学技术文献出版社，1986 年 8 月版，第 96 页.

② 王家福. 为科技法学的繁荣而奋斗 [J]. 科技法学（现更名为科技与法律），1990（1）.

为规范体系，其本身就具有调整社会关系的特征。所以科技法有此功能也不足为奇。这里所说的社会关系，是人们在社会生产和社会生活中产生的联系。社会生产包括物质资料的生产、精神产品的生产和人类自身的生产，社会生活包括经济生活、政治生活、日常生活等各个方面。科技法作为法律规范，自然也是能够调整社会关系的，只不过其具有特殊性，科技法调整范围限于科学技术活动内产生的社会关系。其次，根据"调整科技领域的社会关系的独立部门说"①，科技法调整的社会关系可以称为科技社会关系，"科技社会关系是指由科学技术活动而发生，为着科学技术的发展，可据以协调科技劳动者、科技劳动组织和科技劳动管理机构内部关系及相互关系的一种社会关系"。在这一领域的社会关系，除了科技法规范调整外，民法、行政法、刑法、劳动法、经济法等也能够加以约束。不能将科技法调整科技领域的社会关系等同于科技领域的全部社会关系。一般而言，科技领域内的社会关系，有的主要由科技法加以调整，如与科技的研究、开发以及科技成果的享有、使用、转让等有关的社会关系；有的则由科技法和其他部门法共同参与调整，如有关科技领域的劳动关系、行政管理关系等；有的则归属其他部门法调整，科技法并不参与其中。由此可以看出，作为一个部门法的科技法，它是调整科技领域内的社会关系的，但不能说科技领域内的社会关系只有科技法才能加以调整，也不能把凡是调整科技领域的法律规范统统归于科技法部门。

（二）科技法是一个新兴的法律部门

正如上文提及的那样，因为出发视角和学术观点的差异，学术界至今对科技法的内涵和外延还未达成共识，不过在牛忠志教授撰写的《科技法总论》一书中，科技法的概念可以做以下几种分类处理：②

---

① 罗玉中．科技法学［M］．武汉：华中科技大学出版社，2005：15.

② 牛忠志．科技法总论［M］．北京：知识产权出版社，2021：11-12.

（1）“综合性法律部门说”。该学说抓住科技法的调整对象非单一化，指出科技法调整的是科技领域内的多种社会关系。此类社会关系既会受到宪法性规范、行政法刑法等公法规范的调整，也会受到民法商法等私法规范的调整。而从科技法本身出发，科技法并不是完全属于公法领域，在私法领域亦是如此。所以才会有学者持有科技法是一个相对独立的综合法律学说，认为科技法中包含着科技行政法、科技民法、科技刑法、科技劳动法等法律规范。①

（2）“行政法之一部分说”。该观点主张科技法律规范主要囊括在行政法之中，科技法是行政法的一部分。

（3）“领域部门法说”。持有该观点的学者坚持划分部门法，并且不认同科技法的调整对象包括人与自然关系。比如，罗玉中教授在《科技法学》中写道“科技法是一个新兴的法律部门，是我国社会主义法律体系的重要组成部分，它是随着科技体制改革的深入、技术市场的发育以及科技本身的发展而出现的，也是从老的部门法（如民商法、行政法等）中分立出来的。”② 认可了将科技法作为一个独立部门法的必要性，可以理解为科技法是一个独立的部门法学。将科技法定义为“科技法是调整科技活动引起的社会关系的法律规范的总和。”由此产生的科技社会关系具有以科学技术活动为中介，以科技创造权利为本位，以科技劳动者、科技劳动组织与科技劳动管理机构为主体，属于横向民事平等关系和纵向行政隶属关系的结合四个特点。③

（4）“经济法分支说”。持有此种观点的学者认为经济法作为一个独立的法律部门，这在学术界是没有任何争议的。科技法作为国家促进科技进步的重要手段，并且其立法目的为“推动经济建设服务”的这样一部法律，将其纳入经济法中也符合法律的兼容

---

① 王家福．为科技法学的繁荣而奋斗［J］．科技法学，1989（1）：5.

② 罗玉中．科技法学［M］．武汉：华中科技大学出版社，2005：2.

③ 孙玉荣．科技法学［M］．北京：北京工业大学出版社，2013：2.

性，满足法律对经济和科技的调整和保障。

（5）“特殊部门法说”。与独立部门法说不同，该学说认为科技法是同时调整社会关系和人与自然之间的关系的。对法律部门的划分不再局限于社会关系的性质和法律调整方法，而是应该转向该法律规范本身所具有的法律属性与基本职能，抑或是法律规范所发挥的社会作用与价值目标。基于此标准，持有该学说的学者认为“科技法不只是个特殊的法律部门，而且是法律体系中以调整社会性的人与自然关系为主旨的、子系统的主导部门或核心部门”。①

从上述学者们对科技法概念的争论来看，科技法作为我国法律体系中的一个新兴法律部门，其还有很大的发展空间，并且随着经济社会的发展，更多更新颖的社会关系的出现，民众和社会都需要法律能对这类社会关系加以规制和管控。那么科技法，这个新兴的法律部门，被视为一个独立的法律部门是有必要的，也是有希望的。不同于之前依靠政策形式的调整方式，如今我国的科技法已经有了重大发展。除了有《科技进步法》这样的基本法律以外，我国现阶段有关科技的相关法律、法规、规章以及权威性判决、全国各地研究所公布的技术规范和技术标准等数量繁多，这些具有效力差异、等级差异、形式差异等规范，构成了较为完备的规范体系，能够在很大程度上解决科学技术活动中产生的问题，为科技法的更新和完善提供内容和意见。尽管这个体系还不够完备与健全，但其反映了以法治来规范和保障科技创新、科技创造的时代潮流的到来。这些不断更新出台的法律法规，已经足够支撑科技法这个新兴的法律部门的成长与壮大。

二、科技法的特征

法的特征是法的本质的外化，是法与其他现象或事物的基本关系的表现。法的特征是法本身所固有、确定的，并不会被人们随意

① 曹昌桢．科技法在法律体系中定位问题的再思考［J］．法治论丛，2006，（1）：1.

增多或是减少。从法的科学范畴、法的本质、法的价值和法的作用出发，可以将法的基本特征概括为四点：

（1）法是调整社会关系的行为规范。其是区别于思想意识、政治实体和技术规范的，法的形式上具有规范性、一般性、概括性的特点。

（2）法是由国家制定或认可的行为规范。这里需要明确，法律规范是社会规范的一种，而作为调整人类社会生活行为准则的社会规范，其种类繁多，包括但不限于道德规范、宗教规范、政治规范、经济规范等。法律规范区别于其他社会规范最本质的特征就是其是由国家制定或认可的普遍适用于一切社会成员的规范。

（3）法是规定权利义务的社会规范。法以权利义务为机制，对人们的行为动机造成影响，从而调整人们的社会关系，此种调整方式是不同于宗教、道德、习惯的。以权利义务为主要内容也摆明了法律属于“应然”的范畴，即是规律，规律告知人们当一定条件存在时，某种行为可以作出、必须作出或不得作出。这种规律又是区别于客观规律的，两者既有区别也有联系，在某一方面可能与客观规律一致，在另一方面有可能违背客观规律。因此，法的制定需要做到主客观相统一，主观意志要符合客观规律。

（4）法是由国家强制力保证实施的社会规范。每一种社会规范都会有自身的力量保障其得以实施，但从根本层面来说，法依靠国家强制力，任何违反法律法规的行为，都会受到国家的惩治。

任何部门法都会具备上述法的基本特征，但除去这几个共性表现，各个部门法也会具有和其他部门法不同的特征，这是由部门法的个性差异决定的。

科技法，作为一个新兴的法律部门，主要有以下几个特征：

（一）立法目的具有针对性

我国现行的科技法律法规的目的与宗旨都是促进国家科技事业的繁荣和发展。国家促进科技进步和发展的重要手段就是科技法，通过规范科学技术活动、鼓励支持科研工作人员开展科研工作、对科研机构科研人员的劳动成果设置法律保护等措施都旗帜鲜明地表明科学技术是第一生产力，我国将坚定不移地贯彻和坚持科学发展观、尊重保护人才、展现以人为本和人本主义的精神。科技法的重要内在品质就是其不同于其他部门法的立法目的，时刻体现科学、人本的立法目的，也是科技法能够成为独立部门法的关键因素。

（二）调整范围特定，即调整科技领域的社会关系

法律通过对人们之间社会关系的干预，规范人们的行为，从而实现法的价值。每一部法律都会调整各自领域内的社会关系，比如民法调整民事法律关系，行政法调整行政法律关系，科技法当然也不例外，其主要调整科技活动领域内的社会关系，通过对该领域内社会关系的调整，从而协调人与自然、人与科技发展之间的关系。现代科学技术的发展，在改善人类生活条件的同时，也会破坏人与自然和谐共处的天平；科学技术就是一把双刃剑，使用得当会给人类的生活增添便利，但如果将其用到有违自然规律、有违伦理的事情上，那势必会引发麻烦、争议，甚至是危机。为了避免和缓解这种情况，有必要制定科技法来对科技领域内的关系进行规制和管控，以协调人与自然、人和科技发展之间的关系，增进人类幸福指数、促进科学事业进步，这也是科技法的使命和初心。

学术界一般认为，科技领域内的社会关系主要有三大类：科技管理关系、科技协作关系和科技权益关系。为了方便应用和实践，科技法调整的这些社会关系会发展形成相应的法律制度。这些制度主要有：科学技术进步法律制度、促进科学技术成果转化法律制度、科学技术奖励法律制度、高新技术立法及高科技园区法律制度、国际科技合作法律制度、技术市场和技术贸易法律制度、国际科技合作法律制度和科技领域纠纷解决法律制度。这里重点介绍科技领域内的三大社会关系。

第一，科技管理关系。科技管理关系指国家及各种科技组织对科学技术活动进行计划、组织、协调、监督和指导所产生的社会关系。主要包括宏观科技管理关系和微观科技管理关系。

宏观科技管理关系是指在社会生产各部门里的信息技术、能源技术、生物技术、交通技术、原材料技术、国防技术、农业技术、环境保护技术、海洋工程技术等科学技术事业，国家对其进行领导、组织、指挥和协调，在这个管理过程中所发生的一系列纵向关系。参与这类关系的行政主体主要有国务院、科技部以及中央各综合管理部门，例如工业、农业、交通、科技文教等管理部门之间，这些行政主体之间是领导与被领导的性质和隶属关系。因为这类关系中存在行政主体，发生关系的各方主体的法律地位是不平等的，因此属于科技行政管理关系。宏观科技管理关系的任务是确定国家科学技术发展的政策、原则、方针和明确科学技术发展的任务、规划、方法管理体制和范围，明晰国家科技行政管理机关和各级政府科技主管机关的法律地位、性质和任务，这些都是通过立法的形式赋予合法性。

微观科技管理关系主要是调整科学技术活动中的科技机构和科研人员在科技活动中发生的权利义务关系，即科技组织内部的组织机构、管理体制和科技组织在在计划、科研、成果运用等过程中与科技人员之间的权利义务关系。

第二，科技协作关系。科技协作关系是指不同科技部门、不同科技领域之间在技术研究、开发、转让、咨询、服务等过程中发生的横向关系。科技活动的内在特性决定了科技协作的必要性。科技协作的形式根据科技协作主题涉及范围的不同可以分为国内科技协作关系和涉外科技协作关系。

国内不同的科研机构、科技组织或不同科技领域在研究、开发、服务以及成果推广应用的过程中，打破地区界限、行业界限和部门界限，建立一个经济科技联合体，这就被称为国内科技协作。主要包括以下三个层次：一是科研机构、科技组织之间的协作；二是科研机构、科技组织、高等院校和生产企业之间的协作；三是各省之间、城市之间、城乡之间的协作。这些横向的科技协作关系主要是通过合同、协议、章程等形式体现出来的。而涉外科技协作关系则是以国家为单位参加国家科技合作与交流，或者是我国优秀出色的科技组织及个人与国外的科技组织、个人之间发生的有关科技的合作、交流，技术引进、转让、贸易等带有涉外因素的科学技术活动。

科技协作关系中法律主体之间的法律地位是平等的，双方之间进行的活动表现出自愿、等价、有偿的特点，因此这类关系会受到民法、商法和合同法的调整。

第三，科技权益关系。科技权益关系是指科技组织和科技人员通过科技活动对所创造的科技财富享有的权利和利益关系。科技权益根据内容和表现形式的不同可以分为科技人身权益和科技财产权益两类。与技术成果完成者的人身不可分离的身份权就是科技人身权益；科技组织和科技人员在使用、转让科技成果的过程中所获得的物质利益就是科技财产利益。科技财富是一种无形财产，其表现形式有科技发明创造、专利、专有技术等。科技法与其他法律部门的重要区别之一就是拥有科技法律关系这一特殊客体。

随着经济社会的发展，无论是国内科技协作还是涉外科技协作都有着逐渐增长的趋势，国内外科技组织、机构或个人之间的科技协作与交流日益也增多，科技权益关系也呈现出复杂的形态，因此必须通过加强国内和国际的科技立法，以确保我国合法正当的科技权益不受侵犯，为科技创新营造安全、公正、健康的法律环境，促进我国科学技术的发展并赶超国际先进水平。

（三）调整社会关系的方式上有独特之处，表现为综合性和激励性

为调整科技领域的社会关系，国家制定科技法律规范。当人们之间的社会行为受到法律的干预后，就有可能上升为法律行为，之前的社会关系有可能转变为法律关系。法律关系是法律作用于人们的行为和社会关系的中介，法律行为则是人们在其意志控制下实施的受到法律调整并能够产生法律后果的行为。科技法领域内对社会关系的处理，会存在两种法律后果：肯定性法律后果或是否定性法律后果。

对科技领域内的违法行为和犯罪行为的制裁大都采取民事、行政和刑事手段相结合。因而行为造成的法律后果也是具有多元性的，即违反科技法可能会承担民事法律责任、行为违法责任或是刑事犯罪责任。结合科技立法旨在促进科技的健康发展和正确合理使用科技成果来看，科技法对不法行为的制裁不会同一般部门法类似，而多是采取鼓励、肯定、嘉奖合法行为的方式。为了达成立法目的，调动一切有利于科技进步发展的积极因素，科技立法就应当以强化人们的合法行为、鼓励人们积极投身到科学研究和技术开发中为主，不应以胁迫、禁止、制裁等消极手段为主。这也是由科学研究应最大程度自由化所决定的，法律作为依靠国家强制力保障实施的社会规范，不应当成为学术自由、学术研究的枷锁。

因此，只有在为保护科技成果权、防止科技成果滥用等场合，科技法才应设置否定性法律后果；不然，大多数情况下，应坚持肯定性法律后果的设置。

（四）调整内容具有综合性

科技活动所涉及的各种社会关系呈现出广泛性、综合性、复杂性和多层次的特点。为了有效规范这些关系而存在的科技法，其内容也必然会具有综合性。科技法既调整宏观科技活动，例如科技决策和预测规划，也调整微观科技活动，例如科技研究、开发、管理，科技法是对科技活动的全方位规范。因此，科技法包括科技行政法、科技民事法、科技刑事法等。

（五）规范形式的多样性

因为科技法内容的综合性，从而使得科技法又具有规范形式的多样性这一特点。科技法包括强行性规范、任意性规范、授权性规范、命令性规范和禁止性规范五类。

强行性规范和任意性规范是以法律规范对人们行为规定或限定的范围或程度为依据来划分的。强行性规范是规定人们必须为一定行为或不为一定行为的规范。其所规定的内容不允许法律关系主体一方或双方随意更改。科技法中的强行性规范所占比重很小，只有很少一部分属于强行性规范。任意性规范是指规定一定范围，允许人们在这一范围内自行选择或协商确定为与不为的方式，法律关系中的权利义务具体内容等的规范。

授权性规范、命令性规范和禁止性规范是以法律规范的内容为依据划分的。授权性规范是指法律关系主体可以作出或要求别人作出一定行为的规范。命令性规范和禁止性规范都是义务性规范，其行为规则的内容是确定的，不允许改变或违反，否则就要受到法律的制裁。

（六）科技法集中反映了科技发展的客观规律，具有专业知识性强的特点

我国法学界一般认为“法是统治阶级意志的体现”来表达法的阶级本质。其中“法是‘统治’阶级意志的体现”可以理解为“法律是取得胜利并掌握国家政权的阶级的意志的表现”。但是并不是说统治阶级可以毫无顾忌、肆意地制定维护自己利益的法律来剥削、压迫人民。相反，统治阶级在制定法律时，必须要将被统治阶级的承受能力、现实的阶级力量对比以及阶级斗争的形势等因素纳入考虑范围内，也就是必须要尊重万物发展的客观规律。

经济基础决定上层建筑。无论是发达国家或是发展中国家，一个国家、一个社会的科技发展计划、战略部署、重点和优先项目以及相应的方针、政策，毫无疑问都会受到现阶段经济发展水平、当前的社会制度、国家发展的整体规划、国家资源状况和现实要求、社会道德等多种因素的制约，科技法作为联结科技与现实社会、科技与经济的桥梁，也不能不对此作出反应。

科技法中的基本原则，科技法对有关科技政策、方针、体制等的确认，都是对此所作的反映。这也就是说，科技法作为上层建筑的一部分，是不能不反映国家意志的。但是，这只是问题的一方面。另一方面，科技法更应充分反映科技发展本身的特有规律。科技法的许多具体内容：例如关于核装置安全保障的规定、关于生命工程和人类优生的规定、对重组 DNA 的控制等方面的立法的法律化，实际上这也是人们在利用科学技术对世界进行探索、对客观规律不断更新现有认识的集中反映。

另外，科技立法的内容因涉及科技领域的专门知识，所以具有专业性、知识性强的特点。科技法的这种专门性、知识性同时决定了在科技立法、科技执法、科技司法和科技法律监督方面也具有相应特点。就科技立法而言，它要求立法者不仅应当具有法律知识，而且应当具有相应的专门科技知识。由于同时具备法律知识和专门科技知识的全才目前极少，因而有关科技立法需要法学家、科技专家和其他学者的通力合作，有关科技立法更多地采用“授权立法”的方式进行。同时，对关乎国计民生和科技发展的重要技术规范，也可以国家认可的方式赋予其法律的权威性，即将遵守有关技术规范认定为人们的法律义务。[①]

（七）与科技发展具有同步性

和其他部门法一样，科技法也遵循着“法的稳定性”原则。但是，这里的“稳定性”并不是绝对的，而是相对的。始终坚持科学技术是发展生产力中最积极、最具革命性的因素，那么科技法就必须及时反映科技发展的新动向。

如今，在知识爆发式传播的时代，科学技术也受益于其中而得到迅猛发展，科技法需要时刻关注到因现代科学技术发展所引发的社会关系变动、新兴社会关系的出现等。在这个过程中科技法也需要对自身内容进行符合时代、符合社会制度、符合人民大众的更新完善。这就导致科技法所调整的社会关系比别的社会关系变动得更加迅速。因此科技立法中的立、改、废问题，比一般部门法中的这类问题更应引起重视。当科技发展引发相关社会关系需要得到关注、予以调整之时，作为调整这些社会关系的科技法，就必须及时

---

① 赵震江．科技法学［M］．北京：北京大学出版社，1997：40.

地废弃、修改，并以新法取代旧法。因此科技法是法的稳定性与时代性的有机结合。

第二节　科技法的法理基础

一、科技法的功能和价值理念

（一）科技法的功能

1. 科技法功能的基本含义

科技法的功能，也可以被称作科技法的作用。但科技法的作用一般被理解为科技法应当或者能够发挥的作用，也能理解为科技法在实际生活中所发挥的作用，这两者间是既有联系也有区别的，通常将前者称为科技法的功能，后者称为科技法的实效。前者属于应有的范畴，后者属于实有的范畴。

作为一个部门法，科技法是由不同部门、不同时期的许多法律法规组成的。各种具体的科技法律、法规或具体的科技法律制度，都各有其特定的使命和制度。在此不做具体的分析，而是将重点放在科技法整体的主要功能做讨论，所以称为科技法的基本功能。

科技法的功能有直接功能和间接功能之分。例如，科技法的重要社会功能之一就是保障和促进科技进步，也可以被称为科技法的直接功能。科技法在发挥这一功能的同时，无疑也间接地保障和促进社会主义经济建设。现今经济发展离不开科技进步与发展。本节重点讨论科技法的直接功能。

要更好地理解科技法的功能，离不开对法的功能一般理论的涉及。法律的功能是指为了实现立法目的，完成法律任务，由法律性质所决定的、法律内在的、固有的、可能的做功活力。[①] 法的功能具有内在性、应然性和有益性的特点，是指法内在具有对社会有益

① 牛忠志．科技法总论［M］．北京：知识产权出版社，2021：42.

的功用和效能。科技法作为法律整体的一个组成部分，其基本功能是法律整体功能的一个分解体，既有特殊性，又有与法律整体功能相一致的共性。我们应该以系统的、相互联系的观点来研究科技法的功能，而不能将其孤立来看。

我们可以将科技法的功能概括为规范功能和社会功能。科技法的规范功能是从科技法作为一种法律规范所能够或应当对人们的行为发生哪些影响的角度来分析其功能；科技法的社会功能则是从科技立法的社会目的的角度来分析其功能。就这两类功能的关系来说，前者是手段，后者是目的。也就是说科技法能够对社会发挥影响是通过规范人们行为这种手段而实现的。

西方新分析法学家将法律的功能总结为规范功能和社会功能。[①] 一切法律都具有规范功能，不过各自的范围或目标有所差别，科技法的规范功能在科技活动领域内实现。科技法的规范功能同其他部门法的规范功能一样，大体表现为指引功能、预测功能、评价功能、强制功能、教育功能和激励功能。只有充分发挥科技法的规范功能，才能充分实现其社会功能。

2. 科技法的规范功能

科技法的规范功能主要表现为指引功能、预测功能、评价功能、强制功能、教育功能和激励功能。

（1）指引功能

科技法的指引功能是指科技法所具有的，能够为人们的科技活动提供一个既定行为模式，从而引导人们在法所允许的范围内从事科技活动的功能。对人的行为的指引通常有两种形式：第一种是个别的指引，第二种是规范的指引。第一种是指通过个别指示或示范对个体的人和情况所进行的指引，第二种则是指通过一般的规范对同类的人和情况所进行的指引。例如，有关领导就科技管理中的具体问题或科技纠纷的处理所作的指示，属于个别指引；而科技法对

① 参见 J. 拉兹《法的功能》，载《牛津法学论文集》第 2 卷，第 280 页 .

科技管理或科技纠纷处理的规定、对具体科技管理工作和科技纠纷处理的指引，则属于规范的指引。就这两种指引形式来说，个别指引具有针对性强、比较具体等优点，但它仅仅在关系单纯、人数较少的群体以及个别的场合发挥较好的作用。一旦关系复杂起来或者人数较多的情况下，再想依靠个别指引的形式来调整每个人在每个场合下的行为，就显得比较理想化，不符合现实，而且不利于建立稳定的社会秩序。此时，就需要利用规范性指引，它是建立秩序的基础，不仅具有连续性、稳定性、高效性的优点，而且符合公众的心理要求。当然，规范性指引也有其缺陷，其相对于个别指引来说较为抽象，对有些个别场合并不适合，因而还需要有个别指引或其他补救办法。可以说，个别指引和规范指引两者间是相辅相成的关系。

科技法作为一种法律规范，对人们行为的指引是一种规范的、权威的指引。一般来说，这种指引包括确定性指引和非确定性指引。

确定性指引是义务性法律规范所具有的功能，它表明人们在一定场合是必须如此行为或不得如此行为的。非确定性指引是授权性法律规范所具有的功能，它表明人们在一定场合下可以这样行为，行为人全凭自己的意志来做出符合自己心意的决定。为了实现指引的功能，法律规范一般都规定了相应的后果，即人们依照或者违反法律规范的指引而行为时所能招致的法律上的后果。就立法意图来说，这两种指引中所包含的法律后果都是促使人们在采取某种实际行为之前必须考虑的因素。不同的是，确定性指引的立法意图在于防止人们作出违反法律的行为，因而一般规定了人们违法行事时的否定性法律后果，非确定性指引既有选择性指引的立法意图，也在于鼓励或容许人们从事法律所指引的行为。

（2）预测功能

科技法的预测功能是指科技法所具有的，人们可以根据科技法对某些与科技有关的行为的肯定或者否定的评价及其必然导致的法律后果，预先地估计到自己行为的法律后果，从而决定自己的行为取舍和行为方向的一种功能。科技法预测功能的实例之一是，由于技术合同法的存在，当事人依法订立合同后可预知法律对该合同采取保护态度，一方当事人在履行合同之时可以合理地期望另一方当事人相应地履行合同，如果一方当事人非法定原因而不履行合同，则可预测到另一方当事人的求偿行为以及法律对自己的违约行为的态度。可以看出法律从人们行为的出发进行调整，调整人们之间的相互关系，然后达到维护一定社会秩序的目的。同时，可以看出科技法主要是通过其规范功能实现其社会功能，从而稳定社会、保障社会关系安全的。

（3）评价功能

科技法的评价功能是指科技法能够对人与科技相关的行为进行衡量和评价相关行为的法律意义的功能。科技法的评价功能表明，人们根据科技法可以判断、衡量某种行为在法律上是有效的还是无效的，是合法的还是违法的；如果是违法的话，是属于何种违法，程度是轻还是重，必定招致何种制裁等。所有这些评价是依法作出的、对实际行为的一种事后评价。需要明确，法律评价只针对人们的实际行为作出的，对于人们的思想或者心理活动，法律不能发挥评价功能。这是因为法律只约束人们的行为，而不约束人们的思想或内心活动。同样地，科技法只对有法律意义的行为作出评价，对不属法律管束的行为并无评价功能，或者这种评价没有多大意义。当然，不属法律评价的范围，也会受到来自政治、道德、文化等其他范围的评价。科技法的评价功能具有两个方面的特点：一方面科技法除了可以对人们的行为做出评价，还能对技术做出评价；另一方面就是科技法具有客观的性质。相较于刑法、行政法等，这类法律的评价标准当然是客观的，但这一类立法除依据客观社会现实外，会渗入人们的主观认识。科技立法所反映的科技规律，都是人们认识的结果和表现，其本性一般不会被人们的纯主观认定。因此，反映科技规律的科技法，在作为一种评价标准时，一般应当更具有客观性。

（4）强制功能

科技法的强制功能是指科技法所具有的，依靠国家力量保障权利人所拥有的科技权利，并且强制义务人必须履行其相应科技义务的功能。科技法强制功能的特点是其强制功能不仅是外在的，而且是内在的。也就是说，违反科技法的行为，不仅会受到法律的制裁，而且也违反了自然规律，会受到来自大自然的惩罚。例如，违反操作规则的违法行为，不仅会受到法律制裁，而且可能机毁人伤而受到自然规律的惩罚。因此，科技法的强制往往是双重性质的强制，其实施往往因此受到双重保障。人们对科技法的遵守，不仅需要有较高的法律意识，也要有较高的科技意识。

（5）教育功能

科技法的教育功能是指科技法通过其具体的权利义务的规定和实施，对人们的思想进行影响，培养和增强人们的科技法律意识的功能。法律的教育功能对稳定社会秩序具有重要意义。不过，法律具有正确的教育功能以及这种功能发挥的程度如何，是取决于法律本身的合理性和法律体现社会大多数人的利益和意志以及法律实施公正无私与否。科技法的教育功能，不仅具有教育人们守法的意义，而且具有教育人们尊重科学、尊重客观规律、尊重知识和人才、增强人们的科技意识和法律意识的意义。科技法的教育功能所给予人们的影响往往是潜移默化的，往往是通过影响人们的心理、观念进而影响人们的行为。

（6）激励功能

科技法的激励功能是指对于一切有利于科技进步、有利于科技成果的合理使用和推广的行为，科技法都予以肯定、支持、表彰或奖励。正是因为这类表彰或奖励性的科技法律规范的存在，激发了人们从事科学研究和技术开发、科技成果的合理利用和推广的热情，鼓励了人们积极从事促进科技进步、造福人类的事业，具有重大的意义。这里所讲的科技法的激励功能，也是从科技法应有或能够发挥这种作用的角度来说的，至于人们是否受到表彰或奖励，及这类科技法律规范实施得如何，则属法律实效的问题。

3. 科技法的社会功能

科技法的社会功能是指科技法应当或者能够发挥的影响。科技法的社会功能与它的社会目的相联系，我们可以从不同的角度将科技法的整体的、直接的社会功能概括为以下四个方面：①保障促进科学技术进步；②保障促进科技成果的合理使用和推广，防止科技进步的消极后果；③保障促进国际间的科技交流与合作；④协调人和自然的关系。上述四个方面的内容并不是孤立的，而是相互联系的，并且可以用一句话概括总结，即“促进科技进步和社会生产力的发展，使科技造福人类与社会”。

科技法一般通过下列形式体现其社会功能：①确认科技进步在社会发展中的地位；②确认国家发展科技的目标、任务、方针、政策、原则和制度；③确认科技发展中的各种关系以及这些关系中的主体、客体和事实的法律地位；④划定各种主体在法律上的权利、义务或职权、职责的范围；⑤保护以上所确认的法律地位以及所划定的权利义务关系或职权出现的关系；⑥管理、调整和监督科技关系和科技活动；⑦规定人们行为的法律后果，借以激励合法行为、制裁违法行为；⑧规定解决法律关系主体间纠纷或其他法律问题的机构、方式和程序，以保障法律的实施等。[①]

（二）科技法的价值理念

1. 价值

价值，可以说是人的理性选择。价值作为衡量主体的主体尺度，其实质是人在各种价值关系的主体性。价值一直是人文学科关注的主题。价值概念中包含着人的需求的多样性和人的意识的复杂性。价值这个概念归纳起来可以分为三个要点：一是，价值最终要以客体所表现的状态、属性、作用为基础；二是，价值带有强烈的

① 赵震江．科技法学［M］．北京：北京大学出版社，1997：81.

主观意志、愿望和色彩；三是，主体对客体的存在性状、属性或作用的的这种珍视、重视是以客体的这种存在、属性或作用对于主体的欲求、需要具有相恰适应性为基础的。①

2. 法的价值

法的价值是以法与人的关系为基础的法对人所具有的意义，是法对人的需要的满足，定义成一种作为主体的人，对法律的属性的需要，与作为客体的法律，可以满足主体需要的属性，两者之间相耦合的关系。进而据此把法的价值定义为法自身在这种关系中所具有或应具有的为主体所希望的状态、属性、作用等。

根据使法的价值发生意义的人与法律之间的价值关系，法的价值的问题的范围主要包括：第一，对法的价值的追求即人们以法作为中介手段去追求理想和愿望；第二，法的价值本身及特性；第三，法的价值的基本分类，涉及法作为中介的价值、法的工具性价值以及法本身的价值；第四，人对法进行的价值评价，即人们运用自己朴素的价值观对法的价值进行评价。

法的价值拓展开来，包括法的正义价值、自由价值、秩序价值、平等价值、安全价值、效率价值、人权价值等。

3. 科技法的价值

作为新兴法律部门的科技法，同样也是客观的社会存在。对社会生活，对人与人、人与社会、人与自然的关系都发挥着越来越重要的作用，这也敦促着我们必须对科技法的功能做出相应的评价。对科技法的功能做出评价是从人这个层面向科技法提出的价值要求，包括科技法的目的或想要达到的目标和对科技法的评价及其评价标准两个方面，而科技法能否具有这样的价值属性取决于科技法能否发挥以及在多大程度上发挥其独特的符合人的需要的社会功能，科技法对处于一定历史阶段中的人发挥作用或效用，因而科技法的价值是具备客观性、社会性和历史性的。何为客观性？是指尽

---

①　张恒山．“法的价值”概念辨析［J］．中外法学，1999（5）：16-31.

管科技法是由人们制定的，但科技法在社会生活中对科技领域的社会关系进行调整时，其能够发挥的具体作用是不完全以人们的认知、承认、评价为转移。何为社会性？科技法拥有平衡个体利益和社会利益的价值，即社会价值：科技法在科技领域社会关系中，作为调节器，发挥着调整个人利益与整体利益、个别利益与普遍利益的功能，在这个过程中科技法的社会性就逐渐凸显出来。何为历史性？科技法随着人类社会科学技术高速发展的同时具有实时满足人类日益高速度高质量发展需要的作用，科技法价值表现出动态发展的历史性和过程性。

在此，我们对科技法价值下个定义：科技法的价值是科技法在主体与科技法所结成的价值关系中具有或应该具有的主体所希望的状态、属性、应有作用等，即科技法对人的需要的满足性。

科技是一把双刃剑，法律是一把双刃剑，科技法也是一把双刃剑。除了对科技的正能量助推外，科技法特别地具有“克服科学技术发展中的盲目性、不确定性”，以便使人类社会在享受科技进步所带来的益处的同时“尽可能地避免科技这把双刃剑带来的负面后果”。所以，科技法的价值包括能够在多大程度上为人类“兴科技之利，避科技之害”两个方面。①

（1）科技法的自由价值

在马克思主义关于人的解放与自由的观点中，个人自由与社会和谐是终极性的、目的性的和最高的价值。自由作为人的权利，体现为人自主做出选择的能力，是人类社会永恒的追求。

科技活动影响人类社会的组织形态和发展方向，其何尝不是人类追求自由的一种方式。对人类社会的组织形态和发展方向有着重大影响的科技活动，本质上就是人类追求自由的一种方式。在以认识和改造客观和主观世界为己任的科技事业中，就凝结了人们争取自由的种种寄托和种种辛劳。自从人学会利用天然材料制成一个工

---

① 牛忠志．科技法总论［M］．北京：知识产权出版社，2021：47.

具，人即开始了为自己争取自由的没有终点的征程。迄止今日，人在应用能源上，已经从钻木取火到煤、到石油、到原子能直至现在的新能源；在开发原材料上，已经从天然石块到铜、铁，到人工合成材料，到智能材料；在使用工具上，已经从石斧到水磨，到蒸汽机，到电动机，到自动机，到火星探测车；在活动空间上，已经从陆地到海底，到天空，到月球，以及探索更多未知的领域。人类在科技活动中体验到了一种认识自然、改造自然的自由，通过科技活动不断地提升人类社会的生产力水平，从而越来越广泛、越来越快速地扩展着人类的自由领域。

因为科学技术所代表的生产力对于一个国家、一个民族的国计民生的决定作用。20 世纪以来，世界上许多国家竞相立法，以法律手段保障科学研究自由。1919 年的魏玛宪法第 142 条明确规定："艺术，科学及学理为自由，国家应予保护及培植。"1947 年的意大利宪法第 23 条宣布："艺术与科学自由，讲授自由。"1949 年的联邦德国基本法规定："公民有自由从事艺术，科学、教育、研究的权利。"日本战后宪法第 19 条、第 23 条规定："思想及良心之自由不得侵犯。""保障学术之自由"。1980 年日本的《科学家宪章》重申保护学术自由、尊重研究工作的创新精神等。在当今世界，科研自由、学术自由业已成为衡量一个社会是不是文明进步的标尺。

公民进行科学研究，从事科学探索和技术创新是一项宪法赋予的自由权利。我国现行《宪法》第 47 条规定："中华人民共和国公民有进行科学研究、文学艺术创作和其他文化活动的自由。国家对于从事教育、科学、技术、文学、艺术和其他文化事业的公民的有益于人民的创造性工作，给以鼓励和帮助。"《科学技术进步法》第 8 条第一款规定："国家保障开展科学技术研究开发的自由，鼓励科学探索和技术创新，保护科学技术人员自由探索等合法权益。"这便是对科学研究自由原则的表述，也是对我国宪法关于保障科学研究自由权利的重申。科学研究自由意味着研究人员在从事科学研究活动中有思想的自由，有相对独立、自主地展开研究活动的自由，有持有和表达学术观点、采取不同学术研究方法的自由。

追求、肯定自由，并为之努力去实现自由是人类社会各个发展阶段的共同主题，尽管在不同的阶段，自由的实现程度和自由的现实化的内容有所不同。人的自由发展到哪里，法就发展到哪里。法的发展历程就是自由的发展历程。科技法的产生和发展也是法的发展，是人的自由发展到更高水平的一个体现。科技法对科学研究自由的维护和鼓励，也就是人对自由的追求在科技法中的一个体现。科技法中的自由原则就是充分保护和鼓励人认识的自由，维护和保障人存续的自由，规范和保证人实践的自由，实现人、社会与自然的和谐共处。

(2) 科技法的秩序价值

对自然和社会的理解不仅会限定人可能获得哪种性质的自由以及获得的自由的程度，还可能会影响人建立什么样的秩序。人类作为高度社会化的动物兼精细社会分工的受益者，人类也只能够在最低限度以上的社会秩序中生活，人类社会的存在和发展在事实和逻辑上始终都以一定的秩序作为前提和基础。而作为最基本的社会规范系统的法律，本身就是保障社会秩序所不可或缺的，对于实现稳定的社会秩序具有重要的意义。

秩序是指在一定的时间和空间范围内，事物之间以及事物内部要素之间相对稳定的结构状态。秩序再细分又可以分为自然秩序和社会秩序，而人类一般受社会秩序影响较深。

科学技术的每一次突破，都使人类认识和改造自然与社会的自由得以扩展。在人与自然的关系中所争取到自由也越来越大，这一方面表现为人在认识和改造自然方面获得了越来越大的主体性、自主性、主动性和能动性，另一方面表现为人与自然发生互动的方式更多，范围更大，程度更深。人在与社会的关系中所获得的更大的自由，表现为人所能享有的（社会性）权利及由此派生的义务更加丰富。人对自然和社会的理解及作用方式也得到转变，表现为在观念层面和生活层面，对如何重构社会秩序产生重要的影响。

人的认识活动是为了寻求人与自然、人与社会及人与人之间关系的确定性，而人的立法活动恰恰对维护人与自然，人与社会及人与人之间关系给予了更大的确定性。一方面，法律秩序对人们的自由活动范围进行了划定，只要是在秩序许可的范围内，人们就享有充分的行为自由；另一方面，法律也会对侵犯他人自由的（超出许可范围的）行为予以适当制裁，这是为了保证全体社会的自由价值的实现。随着科学技术进步而积累沉淀的知识也不断推动着整个社会法律秩序更加趋于合理，新的知识和新的技术需要新的科技法来推动科技法律秩序不断得到修补和重建。例如，因为网络技术的迅速发展和网络的全球性扩展，人们的自由空间从线下实际生活发展到线上的虚拟空间，法律有必要对这个新领域——网络空间进行规范和合理地管理。网络社会把一种前所未有的社会模式展现了出来，使全球工业革命至此形成建立的政治经济结构面临重大变革甚至是颠覆性变化。人们在享受网络技术发展给生活带来的便利的同时，也不得不面对网络上负面的一面，比如计算机犯罪、电信诈骗等。在网络空间，人们的知识产权、个人隐私、个人信息更容易受到侵犯，国家网络安全会面临挑战和威胁等。为此，人们需要在网络空间构建与时俱进的新秩序。

（3）科技法的效率价值

从某种意义上说，科学技术不断发展的历史，就是人发挥主观能动性有目的地改造自然，社会效率不断提高的历史。效率价值是指有效产出减去实际投入的结果，其中效率包括经济效率和社会效率。而法的效率价值是指法律能够使社会或者人们以较小的投入，获得较大的产出，从而满足人们的需要。

科技法中有着大量内容包含了各个行业不同领域科技规律的技术规范，科技法激励科技创新、鼓励科学技术的推广和使用，这些都集中体现了科技法的效率价值。科技法通过这些规范对科技领域中的社会关系进行调整、协调相关的权利义务、规定研究开发活动的规则以及有关的技术标准，对科学技术的健康、迅速发展起着积极的推动作用，对社会生产效率和人力资本效率的提高发挥着积极作用。这些都是科技法效率价值的充分表现和作用的发挥。

（4）科技法的正义价值

每当人们能够以更高的效率满足自己的需要时，又总会随之产生使社会成员感到不公平的后果，这就需要本着正义原则作出调整和矫正。当科技应用导致各种新型的利益冲突时，应当如何使个人利益在促进公共利益的同时也得到维护；使后代利益在当代追求自己利益的同时不被忽视，使代际公平得到保障，又使正义的内容不得不发生一些变化，这些都成为了科技法的重要使命。

正义的概念就是由它的原则在分配权利和义务、决定社会利益的适当划分方面的作用所确定的。正义原则中隐含着互惠性，这表明正义与人们合理的自利动机并不矛盾。亚里士多德在论证分配的正义和矫正的正义时，就表明了正义是和利益联系在一起的。和人获取物质利益密切相关的科学技术，尽管它本身并无所谓正义还是不正义，但如何使用科学技术就不再是与正义毫无瓜葛的了。科技，从其独立于人的客观性来说，它有可能对促进人类社会的正义有所助益，从其难以克服的盲目性来说，它也常常带来不公平的后果。

科学技术究竟会在人类社会中产生什么样的客观后果，只与科学技术被人们掌握和运用的正确与否或准确程度有关。当科学技术的这种客观属性与法律实践有机地结合起来时，其无疑有助于社会实现更大的公正。例如，对司法公正具有重要意义的物证技术，就是在相关技术发展到一定阶段时才产生的。

但科学技术在社会中的应用也会引出不公正的结果。例如，19世纪，蒸汽机的发明和投入使用在给人类带来社会财富的同时，也拉开了社会民众之间的贫富差距，间接导致了不可磨合的社会矛盾。

科技法肯定科技的自然公正、效率价值，而抑制科技的副作用，通过规制技术预测和技术评价制度、基因隐私保护与反基因歧视制度、规定原子能的非军事化应用等，力图防止和减少这些负面影响，体现科技法的正义价值。

（5）科技法的发展价值

人的发展包含三个基本的层次：人的基本需要的满足、人的素质的提高、人的潜力的发挥。人的基本需要的满足是发展的先决条件。基本需要有基本的物质需要，这是人生命活动的基础；还有基本的精神需要，此涉及精神、心理、社会等多个方面，如人的求知需求、创造需求，交往需求、成就需求等。科学技术的发展无疑有助于为人在这三个层次上的发展提供更加充分的条件，甚而还有助于把人们潜在的需求挖掘出来。每当有新技术付诸社会应用时，常常是不仅改善或改变人们满足自己需要的方式，也给人们带来新的发展机遇。

人类社会文明程度的一个重要衡量标准就是科学技术的发展水平。科学技术在社会中的应用往往决定了相应的社会结构和人们的生活方式，其对个人、社会，乃至整个人类社会都设定了可能的发展空间以及限度。

20 世纪，以农业为代表，其在相关科技进步的支持下先后经历了三次飞跃，极大地促进了传统农业的发展，显著提高了世界农作物产量。但面临着全球人口的过度增长、可耕土地的减缩的不利条件，传统农业的发展进入瓶颈期。在这种情况下，积极发展农业生物技术，以转基因植物为代表的农业技术，就为农业乃至人类生存和发展带来了希望。不管农业未来发展的走向如何，以基因工程为代表的生物技术革命很可能是解决全球粮食问题的最佳选择。

不仅如此，在科学技术拓展更加广阔、更加奥妙的活动空间的同时，人类不得不考虑随着环境恶化、自然资源枯竭等，当代乃至后代人类如何在地球上继续存续、如何将人类文明完整地传承下去等，这些都是无法回避的现实问题。很显然，人类必须转变发展方式，必须从以牺牲后代人可用资源为代价的传统发展方式转向新兴绿色发展模式。当代社会发展不能只考虑经济数量的增长，更要注意质量的发展，特别是环境质量。因此我国大力倡导“可持续发展”的观念：既要满足当代的需要，也不能损害下一代的利益，使科技所导致的社会加速发展能够世代持续下去。要实现可持续发展战略的总体目标，人类社会就必须在相当大的程度上依赖科技进步，可持续发展当中需要解决的许多问题本来就是由科技发展所引起的，当然还需要通过进一步的技术创新来解决。

通过鼓励技术创新，保障技术创新人员的权益，进而加速科技进步，从而使人在各个层次上的需要得到更充分的满足，为人类的发展提供更好的条件和更好的机遇。科技法特别规定科技进步应当为经济、社会、生态环境保护均衡发展服务的基本方针，坚定深入贯彻“以人为本”和全面、协调、可持续的发展观，促进经济、社会和人的全面发展。

(6) 科技法的人的尊严价值

人的尊严，根据主体的形态而论，包括群体尊严和人类尊严。科学技术对人的尊严的作用表现为两个方面。一是相对于自然物的尊严，这时的尊严主体是整个人类，表现为人利用和控制自然物的主体地位；二是人相对于人工制造物的尊严，这里的主体既可以是整个人类，也可以是作为个体的人，是指人在某些方面对科技手段表现出来的优越地位。科学技术的日益强大显然是有利于人的第一种尊严的提高，但与此同时会对人的第二种尊严形成威胁。这种威胁表现为人类在日益发展、强大起来的科技面前会称为发达科技文明的附属品，这显然是与人类最初发展科技的初心背道而驰的。这种因科技进步而造成的一部分个人或群体伤害另一部分个人或群体的尊严，实质上就是对人的尊严的贱踏，是与科技进步的根本目的相违背的。

在历史上，任何一项重大的科学技术的问世，都在改变人类的生产、政治、文化和思维模式的同时，深刻地影响着人们的生存方式。现代高新技术的兴起，特别是信息技术、生物技术的突破，在使人的权利明显扩张的同时，也在使维系人的尊严所必需的基本权利，如隐私权、生命权等更容易受到侵害。

社会信息化在给人们带来更多自我实现的机遇和空间的同时，也对人的隐私权提出了挑战，因为现代科技大大提高了收集、挑选和发送个人情报的效率。这种效率既为无数机构提供了机会，也增大了人们窥探别人隐私的可能。因此，在信息社会，人类的隐私权正在经受着巨大的挑战。在此，我们需要明确，未来的网络世界不应发展成一个由机器与数字组成的冷冰冰的技术王国，网络的发展目标应始终以“人”为终极价值归属。网络作为一个自由、开放、无国界的系统，是一个覆盖全球的市民社会，自由、平等、理性、权利等人文属性将在网络法中得到更为深刻的体现。

科学的发展一方面让人们更加认识到生命的尊严，有能力运用更好的科学技术去保护生命，维护生命的尊严；另一方面也把生命纳入可操控的范围，使生命成为可以被制造的对象，从而给人的生命带来了巨大的危胁，冲击着人的价值。随着基因技术和其他生命科学技术的发展，人的技术已经能够改变或将要改变人本来属于偶然性的身体状态。

二、科技法的立法目的

（一）立法目的一般理论

立法目的是一部法律的心脏，当中凝结着立法的指导思想，决定着法律的任务设置和法律基本原则的确定。法律的指导思想、立法目的和任务是密切相连的：立法指导思想是关于立法的观念化、抽象化和系统化的理想认识；立法基本原则是用来规范、具体立法指导思想。立法指导思想通过立法目的、基本原则来体现和具体化，立法基本原则必须根据立法指导思想、立法目的来确定。

制定法律中包括立法目的、执法目的和司法目的等方面的内容。其中，立法目的起着决定作用，它决定着执法目的和司法目的。立法是由特定的主体依据一定的职权和程序，运用一定的技术，制定、认可和变动法这种特定社会规范的活动。在这一过程中所包含的程序主要有提出法案、审议法案、表决通过法案、公布法律。立法是一项有目的的创制法律的活动，自古以来，立法目的都是立法活动开始之初就需要被确定下来的。今日而言，我国的法案起草过程主要分为以下十个步骤：①社会生活出现了需要法律来规制的一类情况，产生了立法需求，立法者做出法案起草的决策；②根据上述立法需求确定相应的起草机关；③组织相应的起草班子；④将立法意图明确；⑤在立法之前进行研究调查，以方便后续立法活动的开展；⑥拟定出法案提纲；⑦正式起草法案；⑧针对已经起草的法案向社会征求意见并且协调论证；⑨反复对法案进行审查和修改；⑩最后形成法案正式稿。[①] 在这个过程中，法律的立法目的就已经确定。

就现代成文法而言，其内容和结构安排通常包括总则、分则和附则三个部分。其中，总则在一部法律中是具有统领地位的、在法的结构中与分则和附则等相应的法律条文的总统。总则主要是关于整个法律的纲领和事关全局的内容的总称。总则的内容主要包括立法目的、立法依据、法的原则、法律制度（包括法律基本制度和法律具体制度）、法的效力、法的适用。可以说，现今找不出一部没有立法目的的法律，任何法律都有立法目的。目的条文一般应放在法的正文第一条，采用“为了……，制定本法”的格式进行书写。

（二）科技法的立法目的

虽然现阶段学术理论界还没有对科技法的目的有全方位的讨论，本书针对科技法的立法目的有以下观点：①根据《科学技术进步法》第 1 条规定：“为了全面促进科学技术进步，发挥科学技术第一生产力、创新第一动力、人才第一资源的作用，促进科技成果向现实生产力转化，推动科技创新支撑和引领经济社会发展，全

---

① 周旺生．立法学［M］．2 版．北京：法律出版社，2018：310-324.

面建设社会主义现代化国家，根据宪法，制定本法”。从立法学和法律学的视角来看，科技法的立法目的都应该予以重视和突出强调。并且强调了科技法对于促进科学技术发展的积极作用。②科技法的立法目的是具有层次性的。首先，科技法需要促进科技进步，同时防止和制裁科技的误用、滥用。其次，科技法的立法目的是建设创新型国家，使我国立于世界科技强国队伍中。最后，从微观上来看，每一部科技法律规范、科技法律规范的每一个法律条文，大多是对科技法总的目的和科技法中观的目的的细节化、重申化。但同时，我们也要牢记科技法律规范对防范、禁止科技成果的误用、滥用，这同样也是科技法的立法目的，两者之间并没有轻重之分。但凡是对社会造成危害、仅依靠其他社会规范不能很好制约或管控的科技领域行为，都应借助科技法予以引导、防止或对违法违规行为进行制裁。

三、科技法的基本原则

法律的基本原则是指体现法的根本价值的法律原则，其体现着整个法律的指导思想和立法目的。基本法律原则是完成一部法律的中枢，充分发挥着调节器的作用，是完成法律任务不可逾越的基准。

（一）优先发展科学技术的原则

《科学技术进步法》在其第1条中明确指出：“为了全面促进科学技术进步，发挥科学技术第一生产力、创新第一动力、人才第一资源的作用，促进科技成果向现实生产力转化，推动科技创新支撑和引领经济社会发展，全面建设社会主义现代化国家，根据宪法，制定本法”。社会主义的根本任务就是发展社会生产力，在发展生产力的诸多任务中，首要任务就是最大限度地解放和发展科技这个第一生产力。科学技术一旦被劳动者所掌握，进入到生产领域，就会转化为直接的生产力，而“生产力的这种发展，归根到底来源于发挥着作用的劳动的性质，来源于社会内部的分工，来源于智力劳动特别是科学技术的发展。”① 因此，大力发展科技已经成为世界各国在激烈的国际竞争中取得优势地位的法宝。

优先发展科学技术的原则，既是制定《科学技术进步法》的出发点，也是本法的宗旨、目的和总原则。本法的其他原则和制度都是为了促进科技进步而确定的。对优先发展科技这个原则的确定有利于提高全民族对科技进步的整体认知度、有利于更新决策者的科技观念并做出合理符合时代的科技发展决定和规划、有利于协调各部门的工作，共同推动科技进步。

（二）尊重知识、尊重人才，保护知识产权，保障科学研究自由

我国《科学技术进步法》第3条提出：“科学技术进步工作应当面向世界科技前沿、面向经济主战场、面向国家重大需求、面向人民生命健康，为促进经济社会发展、维护国家安全和推动人类可持续发展服务。国家保障科学研究的自由，鼓励科学探索和技术创新，使科学技术达到世界先进水平。国家和全社会尊重知识、尊重人才，尊重科学技术工作者的创造性劳动，保护知识产权。”

科技人才是指从事或有潜力从事科技活动，有知识、有能力、能够进行创造性劳动，并在科技活动中做出贡献的人员。人是科学技术的创造者，没有科技工作者就不可能有科技进步。有了科技工作者，但没有良好的学术气氛和法律保护，仍然不可能有科技进步与创新。因此，尊重知识、尊重人才，以人为本，才能激发科技工作者从事科技创新的积极性。

尊重知识、尊重人才有着深刻的含义：①创造自由的学术气氛。保障科技工作者自由地从事科学研究，给予其选择科研领域、科研项目的空间，允许其自由地发表学术观点，百花齐放、百家争鸣；②尊重、保护知识产权。科技成果是科技工作者创造性劳动的结晶，凝聚了科技工作者大量的人力、物力、财力和智慧。我国与

---

① 马克思.《资本论》第3卷，《马恩全集》第25卷，第97页.

其他各国都确立知识产权制度，对智力成果给予法律保护，严厉打击侵害知识产权的行为，不仅肯定了科技工作者的成就，而且就其付出给予了回报，从而激发出更大的科研热情；③建立知识与人才的评价体系。在技术市场和人才市场中，科技成果是重要的无形资产，科技人员是重要的人力资源。尊重知识和人才，还表现在无形资产的流通和人力资源的流动必须有一套合理的评价制度，使科技成果的价格真正反映其价值，使科技人员获得公正的待遇；④建立人才培养制度。尊重知识、尊重人才，还必须坚持把发现、培养、使用、凝聚优秀科技人才作为科技发展的重要任务，建立健全一整套有利于人才培养和使用的激励机制，促进创新人才，特别是年轻人才脱颖而出。

（三）不断改革与完善科学技术体制的原则

《科学技术进步法》第4条："国家完善高效、协同、开放的国家创新体系，统筹科技创新与制度创新，健全社会主义市场经济条件下新型举国体制，充分发挥市场配置创新资源的决定性作用，更好发挥政府作用，优化科技资源配置，提高资源利用效率，促进各类创新主体紧密合作、创新要素有序流动、创新生态持续优化，提升体系化能力和重点突破能力，增强创新体系整体效能。国家构建和强化以国家实验室、国家科学技术研究开发机构、高水平研究型大学、科技领军企业为重要组成部分的国家战略科技力量，在关键领域和重点方向上发挥战略支撑引领作用和重大原始创新效能，服务国家重大战略需要。"

促进科技进步，不仅要有科技人员、科研资金与设备，还需要有一套促进、保障科技创新的体制。过去，我国的科技组织是以科学院、各部门、各地区所属的研究院、所为主体的。科技人员闭门觅句，不考虑客观实际情况，只凭主观想法进行科研，其研究成果自然是与实际建设相脱离的；不然就是与他人研究重复，造成人力、金钱资源的浪费。由于当时的科研经费与科技人员的收入完全来源于国家财政拨款，这同时也给国家财政造成很重的负担；另外还会受国家财力的限制，有限的科研经费限制了科研项目的开展，科技人员也由于收入微薄而失去从事科学研究的积极性。科研机构中投闲置散，真正投入科研第一线的人员少之又少，科技人员的人才价值得不到充分体现。难以想象在传统计划经济体制下的科研机制，怎会有大量的科技创新成果涌现，也很难想象科技能够发挥促进经济发展的作用。因此，科技体制的改革势在必行。

社会主义市场经济体制下政府与市场两种手段有机结合，政府要有所作为并保证市场充分发挥调节的即时性。科学技术体制、机制的改革方向应朝着适应“市场经济的需要、与经济有效结合”的方向进行。在这样的基调下，科技体制的改革要首先突破科研经费完全依赖国家支撑的状况，坚持走产、学、研相结合的道路，让科研课题来源于实践，科研经费来源于科研成果受益人，科研成果直接为企业服务、为生产建设服务，并产生直接的经济效益。

2021 年新修订的《科学技术进步法》中很多条文都体现着促进科技体制改革的原则。首先，该法第 20 条：“国家财政建立稳定支持基础研究的投入机制。国家鼓励有条件的地方人民政府结合本地区经济社会发展需要，合理确定基础研究财政投入，加强对基础研究的支持。国家引导企业加大基础研究投入，鼓励社会力量通过捐赠、设立基金等方式多渠道投入基础研究，给予财政、金融、税收等政策支持。逐步提高基础研究经费在全社会科学技术研究开发经费总额中的比例，与创新型国家和科技强国建设要求相适应。”扭转了以往科研经费受制于国家财政的窘境，鼓励多种渠道筹备科研经费，推动全社会科学技术研究开发经费的持续稳定增长。

其次，该法第 19 条：“国家加强基础研究能力建设，尊重科学发展规律和人才成长规律，强化项目、人才、基地系统布局，为基础研究发展提供良好的物质条件和有力的制度保障。国家加强规划和部署，推动基础研究自由探索和目标导向有机结合，围绕科学技术前沿、经济社会发展、国家安全重大需求和人民生命健康，聚焦重大关键技术问题，加强新兴和战略产业等领域基础研究，提升科学技术的源头供给能力。国家鼓励科学技术研究开发机构、高等学校、企业等发挥自身优势，加强基础研究，推动原始创新。”在基础研究、牵涉国家安全和人民安全等领域的科研项目，国家牢牢掌握权力，对其他发明则是鼓励市场自发调节。

最后，该法第 39 条：“国家建立以企业为主体，以市场为导向，企业同科学技术研究开发机构、高等学校紧密合作的技术创新体系，引导和扶持企业技术创新活动，支持企业牵头国家科技攻关任务，发挥企业在技术创新中的主体作用，推动企业成为技术创新决策、科研投入、组织科研和成果转化的主体，促进各类创新要素向企业集聚，提高企业技术创新能力。国家培育具有影响力和竞争力的科技领军企业，充分发挥科技领军企业的创新带动作用。”立法强调企业在科技创新中的主体地位，支持企业在军用、民用科技领域里的活跃，一改传统市场中企业缺乏市场主体地位的局面，大力发展社会主义市场经济。

（四）全社会参与与支持科技进步的原则

《科学技术进步法》第 11 条：“国家营造有利于科技创新的社会环境，鼓励机关、群团组织、企业事业单位、社会组织和公民参与和支持科学技术进步活动。全社会都应当尊重劳动、尊重知识、尊重人才、尊重创造，形成崇尚科学的风尚。”这便确立了全社会参与和支持科技进步的原则。

全社会参与和支持科技进步的原则要求一切国家机关、一切企业事业组织、一切社会团体以及全体公民，都应当积极地、自觉地参与和支持科学技术进步活动，这既是他们的一项职权或权利，也是他们一种神圣的职责和义务。法律对于积极履行职责或义务，对在推动科学技术进步活动中作出突出贡献者，提供了奖励、减免税收等鼓励措施。鼓励全社会参与和支持和学技术进步活动是一项应当长期坚持的基本国策。在坚持和实施这一基本国策，动员和组织全社会的力量推进科技进步，对科技进步活动进行宏观管理，统筹协调并提供环境，条件和服务方面，政府负有不可推卸的责任。为此，《科学技术进步法》对各级政府在推进科技进步方面的职责作了明确的规定。

《科学技术进步法》确立的全社会参与和支持科技进步的原则，为动员和组织全社会的力量共同推进科技进步提供了法律依据，为我国科技事业持续不断的前进提供了保障。

（五）提倡生态科技、坚持科技安全原则

《科学技术进步法》第 107 条规定："禁止危害国家安全、损害社会公共利益、危害人体健康、违背科研诚信和科技伦理的科学技术研究开发和应用活动。从事科学技术活动，应当遵守科学技术活动管理规范。对严重违反科学技术活动管理规范的组织和个人，由科学技术行政等有关部门记入科研诚信严重失信行为数据库。"第 32 条第三款规定："项目承担者依法取得的本条第一款规定的知识产权，为了国家安全、国家利益和重大社会公共利益的需要，国家可以无偿实施，也可以许可他人有偿实施或者无偿实施。"

倡导生态科技、坚持科技安全原则是"科技以人为本、可持续发展战略"的直接要求，其中包括科学技术的绿色化和对科技发展的引导和约束，以此防止科技的误用、禁止科技滥用等。

（六）全方位开展国际科技交流与合作原则

《科学技术进步法》第 80 条明确规定："中华人民共和国政府发展同外国政府、国际组织之间的科学技术合作与交流。国家鼓励科学技术研究开发机构、高等学校、科学技术社会团体、企业和科学技术人员等各类创新主体开展国际科学技术合作与交流，积极参与科学研究活动，促进国际科学技术资源开放流动，形成高水平的科技开放合作格局，推动世界科学技术进步。"这一规定确立了全方位开展国际科技交流与合作的原则。

一般而言，全方位开展国际科技交流与合作主要包括全方位的开放、多层次的开放和大跨度的开放三个方面。首先，全方位的开放是指超越国家间意识形态的壁垒，与不同社会制度国家的发展双边科技合作，与联合国和其他国际组织之间发展多边合作。其次，多层次的开放是指既要发展中央政府间、省市政府间的科技合作，也要推动支持民间科技合作。最后，大跨度的开放，其要求不仅要开展科技人员交流、科技信息交换、合作研究，共同开发、成果共享技术贸易、具有高度技术含量的产品和服务贸易等活动，而且也要鼓励中外高技术研究开发机构和高技术企业通过独资、合资、合作等多种形式创办企业、重点实验室、研究开发机构、高新技术产业开发区，把科技合作与经济合作和贸易结合起来。

2023 年 11 月 7 日，在重庆市举办的以“共建创新之路，同促合作发展”为主题的首届“一带一路”科技交流大会上，中方提出了《国际科技合作倡议》。中方认为科技创新是人类社会发展的重要引擎，是应对全球性挑战的重要手段。当前，世界百年未有之大变局加速演进，人类发展面临越来越多重大挑战。人类社会比以往任何时候都更需要国际合作和开放共享，通过科技创新合作探索解决全球性问题，共同应对时代挑战，共同促进和平发展。为倡导并践行开放、公平、公正、非歧视的国际科技合作理念，坚持“科学无国界、惠及全人类”，携手构建全球科技共同体。在倡议中，中方提出“坚持崇尚科学、坚持创新发展、坚持开放合作、坚持平等包容、坚持团结协作、坚持普惠共赢”的理念，为科学技术的合作和交流创造良好的条件，全方位加强国际科技合作。

第三节　科技法的规范体系

一、知识产权法律法规

（一）技术成果的专利保护

1. 专利法和专利权

专利法，是指以促进发明创造的保护和利用为目标，调整因发明创造产生的各种社会关系的法律规范的总称。

在我国，受专利法保护的发明创造，包括发明、实用新型和外观设计三种类型。

发明。根据我国《专利法》规定，发明是指对产品、方法或其改进所提出的新的技术方案，包括产品发明和方法发明两大类。产品发明（包括物质发明）是人们通过研究开发出来的关于各种新产品、新材料，新物质等的技术方案。方法发明，是指人们为制造产品或解决某个技术课题而研究开发出来的操作方法，制造方法以及工艺流程等技术方案。

实用新型。根据我国《专利法》规定，是指对产品的形状、构造或者其结合所提出的适于实用的新的技术方案。

外观设计。根据我国《专利法》的规定，是指对产品的形状，图案或者其结合以及色彩与形状、图案的结合所作出的富有美感并适于工业应用的新设计。根据发明创造内容的不同，专利权也可相应地分为发明专利权、实用新型专利权和外观设计专利权三种。

2. 专利权的法律保护

专利权的侵犯行为分为专利侵权行为和假冒他人专利行为。专利侵权行为是指在专利权的有效期内，他人在未经专利权人许可、也没有其他法定事由的情况下，以生产经营为目的实施专利的行为。假冒他人专利行为是指未经专利权人许可，在行为人制造或者销售的产品、产品包装上，标注专利权人的专利号，使人相信该产品是专利权人的专利产品，以及在广告等宣传材料、合同上未经许可使用他人专利号的行为。

当上述专利侵权行为发生后，相关法律法规会对其进行制裁。我国《专利法》第 65 条规定：“未经专利权人许可，实施其专利，即侵犯其专利权，引起纠纷的，由当事人协商解决；不愿协商或者协商不成的，专利权人或者利害关系人可以向人民法院起诉，也可以请求管理专利工作的部门处理。管理专利工作的部门处理时，认定侵权行为成立的，可以责令侵权人立即停止侵权行为，当事人不服的，可以自收到处理通知之日起 15 日内依照《中华人民共和国行政诉讼法》向人民法院起诉；侵权人期满不起诉又不停止侵权行为的，管理专利工作的部门可以申请人民法院强制执行。进行处理的管理专利工作的部门应当事人的请求，可以就侵犯专利权的赔偿数额进行调解；调解不成的，当事人可以依照《中华人民共和国民事诉讼法》向人民法院起诉。”该法第 68 条又对假冒专利的情形做了额外规定：“假冒专利的，除依法承担民事责任外，由负责专利执法的部门责令改正并予公告，没收违法所得，可以处违法所得 5 倍以下的罚款；没有违法所得或者违法所得在 5 万元以下的，可以处 25 万元以下的罚款；构成犯罪的，依法追究刑事责任。”

3. 专利权的限制

除时间限制和地域限制外，我国《专利法》对专利权还作了其他限制性规定，主要有以下三种。

（1）推广运用的限制。根据《专利法》第 49 条规定：“国有企业事业单位的发明专利，对国家利益或者公共利益具有重大意义的，国务院有关主管部门和省、自治区、直辖市人民政府报经国务院批准，可以决定在批准的范围内推广应用，允许指定的单位实施，由实施单位按照国家规定向专利权人支付使用费。”

（2）强制许可的限制。所谓的强制许可，是国家专利主管部门根据具体情况，不经专利权人许可，授予他人实施发明或者实用新型专利的一种法律制度。我国《专利法》第 54 条规定：“在国家出现紧急状态或者非常情况时，或者为了公共利益的目的，国务院专利行政部门可以给予实施发明专利或者实用新型专利的强制许可。”这是为了公共利益而对专利的一种强制许可。

（3）不视为侵犯专利权的情形

根据《专利法》第 75 条的规定，有下列情形之一的，不视为侵犯专利权：

①专利产品或者依照专利方法直接获得的产品，由专利权人或

者经其许可的单位、个人售出后，使用、许诺销售、销售、进口该产品的；

②在专利申请日前已经制造相同产品、使用相同方法或者已经作好制造、使用的必要准备，并且仅在原有范围内继续制造、使用的；

③临时通过中国领陆、领水、领空的外国运输工具，依照其所属国同中国签订的协议或者共同参加的国际条约，或者依照互惠原则，为运输工具自身需要而在其装置和设备中使用有关专利的；

④专为科学研究和实验而使用有关专利的；

⑤为提供行政审批所需要的信息，制造、使用、进口专利药品或者专利医疗器械的，以及专门为其制造、进口专利药品或者专利医疗器械的。

另外，为生产经营目的使用或者销售不知道是未经专利权人许可而制造并售出的专利产品或者依照专利方法直接获得的产品，能证明其产品合法来源的，不承担赔偿责任。

（二）科技成果的商业秘密保护制度

1. 科技成果秘密保护的重要性

著作权、专利权虽然可以有效地保护科技成果，但其又有一定的局限性，必须寻求商业秘密保护方式加以弥补。

申请专利，必然导致技术方案的公开，因为《专利法》要求申请人承担向社会公开技术方案的义务；而版权保护无法阻止他人实施作品中描述的工艺、方案、过程。一些科技成果开发者为了保持技术产品的竞争力，并不想公开技术，而商业秘密的保护则成为其较理想的保护模式。

专利权具有严格的地域性，一项专利只在申请并获得批准的范围内有效。一旦技术公开，对于没有申请保护的国家或地区来说，就已被认为进入公有领域，任何人皆可自由免费地使用。而利用商业秘密保护则可大大减少这种风险，因为商业秘密是否被他人利用，很大程度上取决于保密措施。此外，一些科技成果由于《专利法》对受保护的客体有特别要求的限制（例如发明专利，要求其具备新颖性，创造性和实用性），而难成为专利权的保护客体。但是，对于商业秘密来说，只要一项技术信息不为公众所知悉，能为权利人带来经济利益，具有实用性并经权利人采取保密措施就可以成为保护的对象。因此，商业秘密可以克服著作权与专利保护的不足，与著作权和专利保护相互配合，大大提高知识产权法对科技成果保护的效果。

2. 商业秘密的概念与构成要件

商业秘密，是指不为公众所知悉，能为权利人带来经济利益，具有实用性并经权利人采取保密措施的技术和经营信息。商业秘密包括技术秘密和经营秘密两个方面的内容。技术秘密是指未公开的技术信息，包括与产品生产和制造有关的技术诀窍、生产方案、工艺流程、设计图纸、化学配方、技术情报等专有的知识。经营秘密，即未公开的经营信息，是指与生产经营销售活动有关的经营方法、管理方法、产销策略、货源情报、客户名单等内容。

商业秘密的构成要件包括：一是不为公众所知悉。这包含了创新性、未公开性两层含义。前者强调技术信息和经营信息与同行信息之间存在着差异，表现出一定的进步性；后者强调的是技术信息或者经营信息不为公众所知悉或仅为少数人所知悉。二是能为权利人带来经济利益。商业秘密必须具备价值性条件的要求，“价值性”是指商业秘密的使用能够给其权利人带来经济利益，包括现实的或潜在的经济利益。三是具有实用性。实用性是指商业秘密能够在生产中具体运用，从而体现其价值性。一项商业秘密必须能够被使用，否则它就不能够成为商业秘密。四是权利人采取了适当的保密措施。所谓“适当的保密措施”，是指权利人根据不同信息的特点或特性，采取的能够有效地对该信息进行控制和保护的措施。经营者是否采取了保密措施，不仅是某项信息能否成为商业秘密的条件，也是其寻求法律保护的前提。

3. 商业秘密的侵权与救济

侵犯商业秘密，是指行为人未经商业秘密合法控制人的许可，以非法手段获取商业秘密并加以利用或使用的行为。行为人包括侵犯本单位商业秘密的人，负有约定保密义务的合同当事人，实施侵权行为的第三人等。

根据《反不正当竞争法》第 9 条的规定，并参照国家工商行政管理局《关于禁止侵犯商业秘密行为的若干规定》，下列行为构成侵犯他人商业秘密的行为。

①以盗窃、贿赂、欺诈、胁迫、电子侵入或者其他不正当手段获取权利人的商业秘密；

②披露、使用或者允许他人使用以前项手段获取的权利人的商业秘密；

③违反保密义务或者违反权利人有关保守商业秘密的要求，披露、使用或者允许他人使用其所掌握的商业秘密；

④教唆、引诱、帮助他人违反保密义务或者违反权利人有关保守商业秘密的要求，获取、披露、使用或者允许他人使用权利人的商业秘密。

第三人明知或者应知前款所列违法行为，获取、使用或者披露他人的商业秘密，视为侵犯商业秘密。

《反不正当竞争法》第 20 条规定了侵犯商业秘密的损害赔偿责任，经营者违反本法规定，给被侵害的经营者造成损害的，应当承担损害赔偿责任，被侵害的经营者的损失难以计算的，赔偿额为侵权人在侵权期间因侵权所获得的利润；并应当承担被侵害的经营者因调查该经营者侵害其合法权益的不正当竞争行为所支付的合理费用。第 25 条规定相应的行政责任，即对侵犯商业秘密的行为，监督检查部门应当责令停止违法行为，可以根据情节处以 1 万元以上 20 万元以下的罚款。我国《刑法》第 219 条规定了侵犯商业秘密罪，即实施侵犯商业秘密的行为，给商业秘密的权利人造成重大损失的，处三年以下有期徒刑或者拘役，并处或者单处罚金；造成特别严重后果的，处三年以上十年以下有期徒刑，并处罚金。

（三）科技成果的商标权保护制度

1. 商标与商标法概述

商标（Trademark）包括商品标志和服务标记，是指由文字、图形或者其组合构成的，商品生产、经营者在其生产、制造、加工、拣选或者经销的商品或者提供的服务项目上采用的，用于区别商品或者服务来源，具有显著特征的标记。商标被普遍认为具有区别功能、质量功能和广告宣传功能。

按照商标的使用对象可将商标分为商品商标和服务商标；按照商标的构成要素或结构来看，商标又可以分为味觉商标、听觉商标和视觉商标；根据商标的用途，商标可以分为集体商标和证明商标以及联合商标、防御商标等。

商标法是调整因商标的确权、使用、管理及保护而产生的各种社会关系的法律规范的总和。既包括规定商标法律关系的主体、客体和内容的实体法律规范，又包括规定商标管理及保护的程序法律规范。

2. 商标专用权的保护

商标专用权因具有不同于一般物权的一系列特征，对其的保护远比一般物权保护更加复杂和特殊。一是商标权遭受侵害时，损害的是该商标在市场上的信誉，而信誉的受害程度难以得到精确计算，这就给商标专用权的保护，尤其是确定补偿额带来困难。二是商标专用权的保护往往与消费者权益保护有着密切联系。消费者对商标依附性的增强会使消费者容易蒙受假冒商标产品的欺骗，进而遭受难以预见的损失。所以，在商标专用权的保护中，应该把维护消费者利益置于突出位置；三是相较于民事权利的侵权损害，商标专用权的侵权所遭受的社会危害性更大。因此，对商标侵权行为除了民事制裁措施外，还规定了行政和刑事制裁手段。

3. 商标专用权的侵害与救济

《商标法》第 56 条规定："注册商标的专用权，以核准注册的商标核定使用的商品为限。”核准注册的商标与核定使用的商品作为一个整体构成商标专用权的有效范围。侵犯注册商标专用权的行为，是指侵害了他人商标权保护范围和保护期限内的注册商标专用权的行为。根据第 57 条的规定，这类行为主要有：

①未经商标注册人的许可，在同一种商品上使用与其注册商标相同的商标的；

②未经商标注册人的许可，在同一种商品上使用与其注册商标近似的商标，或者在类似商品上使用与其注册商标相同或者近似的商标，容易导致混淆的；

③销售侵犯注册商标专用权的商品的；

④伪造、擅自制造他人注册商标标识或者销售伪造、擅自制造的注册商标标识的；

⑤未经商标注册人同意，更换其注册商标并将该更换商标的商品又投入市场的；

⑥故意为侵犯他人商标专用权行为提供便利条件，帮助他人实施侵犯商标专用权行为的；

⑦给他人的注册商标专用权造成其他损害的。

对商标的侵权行为的救济在《商标法》第 60 条规定：“有本法第 57 条所列侵犯注册商标专用权行为之一，引起纠纷的，由当事人协商解决；不愿协商或者协商不成的，商标注册人或者利害关系人可以向人民法院起诉，也可以请求工商行政管理部门处理。工商行政管理部门处理时，认定侵权行为成立的，责令立即停止侵权行为，没收、销毁侵权商品和主要用于制造侵权商品、伪造注册商标标识的工具，并可处以罚款。当事人对处理决定不服的，可以自收到处理通知之日起十五日内依照《中华人民共和国行政诉讼法》向人民法院起诉；侵权人期满不起诉又不履行的，工商行政管理部门可以申请人民法院强制执行。进行处理的工商行政管理部门根据当事人的请求，可以就侵犯商标专用权的赔偿数额进行调解；调解不成的，当事人可以依照《中华人民共和国民事诉讼法》向人民法院起诉。”工商行政管理部门有权依法查处侵犯商标注册专有权的行为，对涉嫌犯罪的严重行为应当及时移送司法机关依法处理。根据《商标法》第 62 条规定，工商行政主管部门查处商标侵权依法具有的职权有：

①询问有关当事人，调查与侵犯他人注册商标专用权有关的情况；

②查阅、复制当事人与侵权活动有关的合同、发票、账簿以及其他有关资料；

③对当事人涉嫌从事侵犯他人注册商标专用权活动的场所实施现场检查；

④检查与侵权活动有关的物品；对有证据证明是侵犯他人注册商标专用权的物品，可以查封或者扣押。

工商行政管理部门依法行使前款规定的职权时，当事人应当予以协助、配合，不得拒绝、阻挠。

除了行政责任外，《商标法》对侵害商标权的刑事责任也做了相应规定。例如：对未经商标权人许可，在同一种商品上使用与其注册商标相同的商标；伪造、擅自制造他人注册商标标识或者销售伪造、擅自制造的注册商标标识；销售明知是假冒注册商标的商品等情形，构成犯罪的，除赔偿被侵权人的损失外，依法追究刑事责任。我国《刑法》第 213 条规定了假冒注册商标罪，即未经注册商标所有人许可，在同一商品、服务上使用与其注册商标相同的商标，情节严重的，处三年以下有期徒刑，并处或者单处罚金；情节特别严重的，处三年以上十年以下有期徒刑，并处罚金；第 215 条规定了非法制造、销售非法制造的注册商标标识罪，即伪造、擅自制造他人注册商标标识或者销售伪造、擅自制造的注册商标标识，情节严重的，处三年以下有期徒刑，并处或者单处罚金；情节特别严重的，处三年以上十年以下有期徒刑，并处罚金。

（四）科技成果的反垄断保护制度

1. 反垄断与《反垄断法》概述

谈论反垄断法，首先会涉及垄断的界定问题。一般而言，只有当某种垄断现象发展至一定程度造成社会危害时，法律才需要对其进行调整，予以禁止或者限制。从最一般的意义上来说，垄断是作为竞争的对立面而存在的，表现为竞争的限制或者阻碍。我们现在所讲的垄断一般是指从资本主义社会开始的经济现象，主要是指在自由竞争中通过内部积累和外部扩张所形成的垄断。

尽管垄断作为经济学的核心概念之一，在日常生活中人们对它的具体理解和概括却并不一致。在对各种“垄断特征”进行归纳总结的基础上得出了较为一般性的概括，即垄断是指“特定经济主体为了特定目的通过构筑市场壁垒从而对目标市场所做的一种排他性控制状态。”垄断的意义在于市场主体的少数甚至唯一，竞争则呈现相反的情况。

上述从经济学角度对垄断的一般界定和分类对我们全面把握垄断的基本含义具有重要意义，也是我们认识反垄断法的重要基础，但仅仅停留于这个层面是远远不够的，因为反垄断法中规制的垄断与经济学中的垄断既有着联系也有着区别。

我国《反垄断法》第 3 条对垄断行为做了具体规定，“本法规定的垄断行为包括：（一）经营者达成垄断协议；（二）经营者滥用市场支配地位；（三）具有或者可能具有排除、限制竞争效果的经营者集中。”反垄断法所规制的垄断是指特定主体在经济活动中限制和阻碍竞争的状态或行为，具体是指企业或其他组织单独或者联合地采取经济的或者非经济的手段，在特定市场实行排他性控制，从而限制或阻碍竞争的状态或行为。它不仅表现为实质性限制竞争的状态（垄断状态），而且更多地或甚至完全表现为各种实质性限制竞争的行为（垄断行为）；它可以是单个企业的单独行为，也可以是两个或者两个以上企业之间的联合或者默契行为；它可以是企业或者其他市场经营主体以经济手段追求或滥用垄断地位的行为，即所谓的经济性垄断，也可以是非市场经营主体以非经济手段（超经济手段）从事的垄断行为，即所谓的行政性垄断。

2.《反垄断法》坚持“鼓励创新”

《反垄断法》自 2008 年施行以来，我国在公平竞争制度体系建设、预防和制止垄断行为、优化营商环境、保护消费者利益、执法能力建设、公平竞争文化倡导以及国际影响提升等方面均取得了令世界瞩目的显著成效，成为全球反垄断三大司法辖区之一。同时，随着我国社会主义经济的发展，特别是平台经济、互联网电商经济等新业态的快速发展，一些大型平台经营者滥用数据、技术、资本等优势实施垄断行为、进行无序扩张，导致妨碍公平竞争、抑制创业创新、扰乱经济秩序、损害消费者权益等问题日益突出，迫切需要明确反垄断相关制度在平台经济领域的具体适用规则，以加强反垄断监管。

《反垄断法》第 1 条规定：“为了预防和制止垄断行为，保护市场公平竞争，鼓励创新，提高经济运行效率，维护消费者利益和社会公共利益，促进社会主义市场经济健康发展，制定本法。”我国经济已由高速增长阶段转向高质量发展阶段。以科技创新和商业模式创新引领和推动高质量发展，是破解当前经济社会深层次矛盾和问题的必然选择，也是加快转变经济发展方式、调整经济结构、提高发展质量和效益的重要抓手。高质量发展需要有序竞争和有效创新作为前提和基础。市场垄断和行政性垄断，都会扭曲竞争机制、破坏竞争秩序，损害创新。

鼓励创新成为反垄断法的立法目标，可以与具体制度有效衔接、相互支撑，丰富了反垄断法的目标体系，旨在推动公平竞争与创新发展的良性互动，保障高质量发展。

二、科技创新法律法规

（一）《科学技术进步法》

1.《科学技术进步法》的基本法地位

为了贯彻落实邓小平同志关于“科学技术是第一生产力”的科学论断与战略思想，确立科学技术在我国社会主义现代化建设中优先发展的战略地位，促进我国科学技术的发展，推动科学技术更好地为经济建设和社会发展服务，1993 年第八届全国人大常委会审议通过了《中华人民共和国科学技术进步法》。

我国狭义上的法律包括基本法律和非基本法律，基本法律由全国人民代表大会审议通过，其效力层次仅次于宪法；非基本法律，即除基本法律以外的其他法律，则由全国人大常委会审议通过。从这个角度来看，《科学技术进步法》是不属于基本法律的。但是，从法律规定的内容分析，该法确立的是适用于整个科学技术活动领域内的法律原则和基本制度，这些原则和制度为确立更具体的科技法律、法规提供了法律依据。从这个层面分析，我们将《科学技术进步法》称为“基本法性质的法律”是可行的。

2. 《科学技术进步法》的纲领性和全面性

《科学技术进步法》第 1 条规定：“为了全面促进科学技术进步，发挥科学技术第一生产力、创新第一动力、人才第一资源的作用，促进科技成果向现实生产力转化，推动科技创新支撑和引领经济社会发展，全面建设社会主义现代化国家，根据宪法，制定本法。”这表明科技进步法具有统领各项科技进步制度的作用；第 3 条第一款规定：“科学技术进步工作应当面向世界科技前沿、面向经济主战场、面向国家重大需求、面向人民生命健康，为促进经济社会发展、维护国家安全和推动人类可持续发展服务。”也展现了科技法具有一定的超前性。首先表现为该法确定了科技进步的基本原则与基本制度框架，为其他各项制度的确立和实施提供了可供遵循的指导思想与大纲；其次该法确立了我国科技进步的总体方针、政策与措施，不仅着眼于我国科技发展的现实同时也将视野投向全球，对我国科技发展具有一定的预见性、规划性，对将来可能在科技领域发生的法律问题的规范也提供了理论指导。

《科学技术进步法》的全面性表现为科技进步法从科技工作的全局出发，对有关科技进步的各领域、各方面都做了较为全面、系统的规范。不仅确立了科学进步的基本原则，而且就科技进步与经济社会的发展、高技术研究、高新技术企业的蓬勃、基础研究与应用基础研究的实施、研究开发机构的改革、科学技术工作者的地位、科学技术进步的保障措施、科学技术奖励、法律责任等做出了规定。

3.《科学技术进步法》的政策主导性

《科学技术进步法》第 15 条规定："国务院领导全国科学技术进步工作，制定中长期科学和技术发展规划、科技创新规划，确定国家科学技术重大项目、与科学技术密切相关的重大项目。中长期科学和技术发展规划、科技创新规划应当明确指导方针，发挥战略导向作用，引导和统筹科技发展布局、资源配置和政策制定。

县级以上人民政府应当将科学技术进步工作纳入国民经济和社会发展规划，保障科学技术进步与经济建设和社会发展相协调。

地方各级人民政府应当采取有效措施，加强对科学技术进步工作的组织和管理，优化科学技术发展环境，推进科学技术进步。"

该条文说明科技进步工作必须在政府的指导、调控下进行。这是因为科技进步不能够单单依靠某个企业、某个行业的事业就能够完成的，这是企业或是行业的事业自身局限性所决定的，他们无法从全局的高度来协调全社会中有关科技的各种关系。因此，在这个过程中一定需要政府发挥宏观调控的职能，通过宏观调控的措施，统筹城乡间、区域间的协调发展，统筹科技与经济社会之间的发展，统筹人与自然的和谐发展。政府主导科技发展就体现于此。

（二）《促进科技成果转化法》

科技成果转化制度对于提高一国现实生产力和综合国力具有重要意义。科技进步必须为经济建设服务，其重要途径就是科技成果的迅速转化，将其工业化、商品化、经济化。在这个过程中，需要法律积极的促进科技成果的转化，促进生产力的发展，促进国家经济建设、社会发展和国防建设。

1.《促进科技成果转化法》的宗旨

2015 年修正的《促进科技成果转化法》第 1 条开宗明义，提出“为了促进科技成果转化为现实生产力，规范科技成果转化活动，加速科学技术进步，推动经济建设和社会发展，制定本法”。从四个方面以递进逻辑的关系对科技成果转化法的宗旨进行了概括。

（1）促进科技成果转化为现实生产力

科学技术是第一生产力，核心是科学技术向现实生产力的转化。任何先进的科技成果如果不实现转化，永远不能进入经济建设的领域。科技成果转化是创造新的经济增长点、改造传统产业、加快产业结构调整，提高我国经济竞争力的关键之所在。所以，《促进科技成果转化法》的基本宗旨是促进科技成果向现实生产力的转化。

（2）规范科技成果转化活动

科技成果转化活动涉及科技活动、经济建设、国家管理及人们社会生活的方方面面。对于科技成果转化活动涉及的科技、社会、经济关系进行法律规范和管理是《促进科技成果转化祛》的主要宗旨。

（3）加速科学技术进步

当今世界，科学、技术与经济一体化发展趋势已经不可逆转，科学技术的发展要靠经济的大力支持和投入。科技成果转化是经济，社会发展的基础；同时，法律保障对科学技术研究开发的投入，是保障科学技术可持续发展的前提，是实现我国国民经济和社会持续发展的基础。

（4）推动经济建设和社会发展

在科学技术发展与经济一体化的今天，科学技术的每一次突破性发展，都会迅速转化为现实的生产力，创生新的经济增长点，带动一片产业和产业群，这正是科学技术造福于人类的根本价值所在。

《促进科技成果转化法》的宗旨是逻辑递进的，它的基础是实现科技成果向现实生产力的转化，这项活动需要法律的规范，在科技成果转化过程中要保障科学技术的足够投入和发展后劲，但是最终目的和落脚点是推进经济建设和社会发展。

2.《促进科技成果转化法》的基本原则

《促进科技成果转化法》第3条：“科技成果转化活动应当有利于加快实施创新驱动发展战略，促进科技与经济的结合，有利于提高经济效益、社会效益和保护环境、合理利用资源，有利于促进经济建设、社会发展和维护国家安全。

科技成果转化活动应当尊重市场规律，发挥企业的主体作用，遵循自愿、互利、公平、诚实信用的原则，依照法律法规规定和合同约定，享有权益，承担风险。科技成果转化活动中的知识产权受法律保护。

科技成果转化活动应当遵守法律法规，维护国家利益，不得损害社会公共利益和他人合法权益。”可以总结出科技成果转化的四大基本原则。

（1）遵循自愿、互利、公平原则

科技成果转化活动总体上要遵循市场规律，配合市场交易的灵活性和自主性，任何一方不能将自己的意志强加于另一方。因此，自愿、互利和公平的原则就是当然的要求。

（2）重视合同、诚实信用原则

由于科技成果转化过程中有着转化失败的风险，当事人之间必须在事前对相关转化工作中的权利义务问题做出明确，对合同履行过程中可能出现的风险问题考虑周全，订立正式的书面合同，将双方当事人的权利义务予以明确。所以，要求当事人坚守诚实信用原则，注重合同内容的履行或者按照合同的约定，自行承担风险。

（3）保护科技成果转化过程中的知识产权原则

科技成果转化过程中以及后续进行的试验、开发、应用、推广直至新产品、新工艺、新材料等都会产生新的知识产权，根据

《促进科技成果转化法》的规定，这些知识产权受法律保护。

（4）合法原则

科技成果转化活动应该遵守法律，维护国家利益，其不得损害社会公共利益，不得有违公序良俗，不得泄露商业秘密或者国家秘密。可以认为维护国家利益和社会公共利益也是划定至科技成果转化范围内的基本原则。

（三）《国家科学技术奖励条例》

1. 科技奖励与科技奖励制度

早在 20 世纪 50 年代，我国就建立了国家科技奖励制度。从 1950 年到 1966 年，国家先后发布了《中华人民共和国发明奖励条例》等重要条例，初步创建了国家科技奖励制度。1993 年 7 月《中华人民共和国科技进步法》的颁布进一步奠定了科技奖励制度的法律地位。2003 年 12 月 20 日，国务院颁布了新的《国家科学技术奖励条例》，并于 2020 年进行修订完善实施。

我国的科技奖励制度规定在《宪法》《科学技术进步法》《国家科学技术奖励条例》《国家科学技术奖励实施细则》《关于进一步鼓励和规范社会力量设立科学技术奖的指导意见》《促进科技成果转化法》《专利法》《著作权法》等法律中。既有根本法性质的宪法规范，也有科技基本法性质的法律规范，还有散在于专项科技法的奖励规范。

2. 科技奖励的方针

《国家科学技术奖励条例》第 4 条规定："国家科学技术奖励工作坚持中国共产党领导，实施创新驱动发展战略，贯彻尊重劳动、尊重知识、尊重人才、尊重创造的方针，培育和践行社会主义核心价值观。"体现了我国科技奖励制度要贯彻"尊重劳动、尊重知识、尊重人才、尊重创造"的方针，从物质奖励和精神奖励两个方面来褒奖科技创新活动。

所以，对科技奖励的定义要广泛地理解。由此，科技奖励是指国家、社会或者个人依照国家法律、法规和有关规范性文件的规定，在对科学研究、科技创新以及推广科技进步过程中做出突出贡献的自然人、法人或者其他组织给予物质或精神奖励。

3. 科技奖励的原则

（1）坚守科研诚信原则

《国家科学技术奖励条例》第30条规定："获奖者剽窃、侵占他人的发现、发明或者其他科学技术成果的，或者以其他不正当手段骗取国家科学技术奖的，由国务院科学技术行政部门报国务院批准后撤销奖励，追回奖章、证书和奖金，并由所在单位或者有关部门依法给予处分。"《国家科学技术奖励条例实施细则》第92条规定："对通过剽窃、侵夺他人科学技术成果，弄虚作假或者其他不正当手段谋取国家科学技术奖的单位和个人，尚未授奖的，由奖励办公室取消其当年获奖资格；已经授奖的，经国家科学技术奖励委员会审核，由科学技术部报国务院批准后撤销奖励，追回奖金，并公开通报。情节严重者，取消其一定期限内或者终身被推荐国家科学技术奖的资格。同时，建议其所在单位或主管部门给予相应的处分。"第93条规定："推荐单位和推荐人提供虚假数据、材料，协助被推荐单位和个人骗取国家科学技术奖的，由科学技术部予以通报批评；情节严重的，暂停或者取消其推荐资格；对负有直接责任的主管人员和其他直接责任人员，建议其所在单位或主管部门给予相应的处分。"

（2）评审过程公平、公正、公开原则

《国家科学技术奖励条例》第18条规定："评审活动应当坚持公开、公平、公正的原则。评审专家与候选者有重大利害关系，可能影响评审公平、公正的，应当回避。评审委员会的评审委员和参与评审活动的评审专家应当遵守评审工作纪律，不得有利用评审委员、评审专家身份牟取利益或者与其他评审委员、评审专家串通表决等可能影响评审公平、公正的行为。评审办法由国务院科学技术行政部门制定。"第28条规定："候选者进行可能影响国家科学技术奖提名和评审公平、公正的活动的，由国务院科学技术行政部门给予通报批评，取消其参评资格，并由所在单位或者有关部门依法给予处分。其他个人或者组织进行可能影响国家科学技术奖提名和评审公平、公正的活动的，由国务院科学技术行政部门给予通报批评；相关候选者有责任的，取消其参评资格。”

（3）注重科技创新的实效性原则

《国家科学技术奖励条例》第 3 条规定：“国家科学技术奖应当与国家重大战略需要和中长期科技发展规划紧密结合。国家加大对自然科学基础研究和应用基础研究的奖励。国家自然科学奖应当注重前瞻性、理论性，国家技术发明奖应当注重原创性、实用性，国家科学技术进步奖应当注重创新性、效益性。”《国家科学技术奖励条例实施细则》第 31 条规定了国家科学技术奖候选人或者候选单位所完成的项目应该具备技术创新性突出、经济效益或者社会效益显著、推动行业科技进步作用明显的条件。

三、特殊行业法律法规

（一）《个人信息保护法》

科技的发展使个人信息领域中大规模侵权成为可能。互联网、大数据、人工智能等科技的迅猛发展给隐私权和个人信息保护提出了诸多新挑战。在社会主义现代化建设的今天，积极回应这些挑战，顺应人民对高品质美好生活的期待，不断满足人民日益增长的多方面的权利需求，更加尊重和保障人格权，妥当平衡科技发展与隐私权、个人信息保护的关系，成为当代的重要议题。

1. 个人信息的法定概念

《个人信息保护法》第 4 条：“个人信息是以电子或者其他方式记录的与已识别或者可识别的自然人有关的各种信息，不包括匿名化处理后的信息。

个人信息的处理包括个人信息的收集、存储、使用、加工、传输、提供、公开、删除等。”

《民法典》第 1034 条规定“自然人的个人信息受法律保护。

个人信息是以电子或者其他方式记录的能够单独或者与其他信息结合识别特定自然人的各种信息，包括自然人的姓名、出生日期、身份证号码、生物识别信息、住址、电话号码、电子邮箱、健康信息、行踪信息等。

个人信息中的私密信息，适用有关隐私权的规定；没有规定的，适用有关个人信息保护的规定。”

《网络安全法》第 76 条中对个人信息的定义规定为：“个人信息，是指以电子或者其他方式记录的能够单独或者与其他信息结合识别自然人个人身份的各种信息，包括但不限于自然人的姓名、出生日期、身份证件号码、个人生物识别信息、住址、电话号码等。”

为了将个人信息与隐私、数据等相关概念区分开来，立法以“识别性”作为个人信息的判定标准，通过“静态列举+动态判断”的双重方式予以界定。“静态列举”主要包含姓名、出生日期、身份证件号码、生物识别信息、住址、电话号码、电子邮箱、健康信息、行踪信息。但单纯的“静态列举”仅是对个人信息概括式定义的解释说明，难以适应新技术革命时代复杂的产业实践，故还需引入信息识别能力的“动态判断”，即在具体情境中结合某类信息对个人的敏感程度、收集使用可带来的财产价值高低及被泄露后可造成的损害大小等，综合判断个人信息的范围。

2. 《个人信息保护法》

个人信息保护法，顾名思义，就是保护个人信息的法律，也就是保护个人信息权益的专门法律。个人信息权益是自然人针对个人信息享有的受到法律保护的权益。保护个人信息权益是我国个人信息保护法的重要立法目的，该法第 1 条就明确规定：“为了保护个人信息权益，规范个人信息处理活动，促进个人信息合理利用，根据宪法，制定本法。”第 2 条再次明确“自然人的个人信息受法律保护，任何组织、个人不得侵害自然人的个人信息权益。”

为了实现对个人信息权益的全面的、充分的保护，个人信息保护法作出了如下系统全面、科学细致的规定，此处作简要介绍。

（1）确立了个人信息处理活动应当遵循的基本原则

《个人信息保护法》第 5 条："处理个人信息应当遵循合法、正当、必要和诚信原则，不得通过误导、欺诈、胁迫等方式处理个人信息。"该条明确个人信息处理活动应该遵循的基本原则包括包括合法、正当、必要、诚信、目的限制、最小必要、质量、责任等原则。这些原则的根本目的就是要规范个人信息处理者的处理活动，保护个人信息权益。例如，依据第 6 条所确立的目的限制原则，处理个人信息应当具有明确、合理的目的，并应当与处理目的直接相关，采取对个人权益影响最小的方式。收集个人信息，应当限于实现处理目的的最小范围，不得过度收集个人信息。无论什么样的个人信息处理者为了何种处理目的，以何种方式实施个人信息处理活动，都应当遵循这些基本原则。不仅如此，调整规范个人信息处理活动的法规规章，也不能违反这些基本原则。

（2）个人信息处理的同意规则

《个人信息保护法》第 14 条："基于个人同意处理个人信息的，该同意应当由个人在充分知情的前提下自愿、明确作出。法律、行政法规规定处理个人信息应当取得个人单独同意或者书面同意的，从其规定。

个人信息的处理目的、处理方式和处理的个人信息种类发生变更的，应当重新取得个人同意。"该条详细规定了告知同意规则，明确了个人信息处理者处理个人信息前，必须以显著方式、清晰易懂的语言真实、准确、完整地向个人告知法律规定的事项，除非法律、行政法规规定应当保密或者不需要告知，或者告知将妨碍国家机关履行法定职责。如果个人信息处理者是基于个人同意而处理个人信息的，那么个人的同意必须是个人在充分知情的前提下自愿、明确地作出，个人信息处理者不得以个人不同意处理其个人信息或者撤回同意为由，拒绝提供产品或者服务。

（3）自动化决策的透明度的公平公正

对于社会普遍关注的“大数据杀熟”“人脸识别”等问题，明确要求个人信息处理者保证自动化决策的透明度和结果公平、公正，不得对个人在交易价格等交易条件上实行不合理的差别待遇。如果通过自动化决策方式作出对个人权益有重大影响的决定，个人有权要求个人信息处理者予以说明，并有权拒绝个人信息处理者仅通过自动化决策的方式作出决定。在公共场所安装图像采集、个人身份识别设备，应当为维护公共安全所必需，遵守国家有关规定，并设置显著的提示标识。所收集的个人图像、身份识别信息只能用于维护公共安全的目的，不得用于其他目的，除非取得个人单独同意。

（4）敏感个人信息严格保护

敏感个人信息是指一旦遭到泄露或者非法使用，容易导致自然人的人格尊严受到侵害或者人身、财产安全受到危害的个人信息。这些信息包括生物识别、宗教信仰、特定身份、医疗健康、金融账户、行踪轨迹等信息，以及不满十四周岁未成年人的个人信息。依据个人信息保护法的规定，只有在具有特定的目的和充分的必要性，并采取严格保护措施的情形下，个人信息处理者方可处理敏感个人信息。同时，处理敏感个人信息应当取得个人的单独同意，处理不满十四周岁未成年人个人信息的，应当取得未成年人的父母或者其他监护人的同意。

（5）个人在个人信息处理中的权利规定

《个人信息保护法》在专门的章节规定了个人在个人信息处理活动中享有的权利，规定这些权利的目的就是保护自然人的个人信息权益。个人信息保护法在网络安全法、《民法典》的规定的基础上，立足于我国个人信息保护实践的要求，吸收借鉴比较法上的优秀成果，对个人在个人信息处理活动中的权利作出了系统全面的规定，规定了个人在个人信息处理活动中享有：对个人信息处理的知情权与决定权、查阅复制权、可携带权、更正补充权、删除权、解释说明权等。此外，为了维护死者的近亲属的合法、正当利益，个人信息保护法还规定，自然人死亡的，其近亲属为了自身的合法、正当利益，可以对死者的相关个人信息行使本章规定的查阅、复制、更正、删除等权利；死者生前另有安排的除外。

（6）个人信息处理者的义务规定

该法对个人信息处理者的义务作出了集中、详细的规定，构建了完整的义务体系。这些义务包括：个人信息处理者采取措施确保个人信息处理活动合法并保护个人信息安全的义务；按照规定指定个人信息保护负责人的义务；定期进行合规审计的义务；对于高风险个人信息处理活动进行个人信息保护影响评估并对处理情况进行记录的义务；在发生或可能发生个人信息泄露等安全事件时立即采取补救措施并通知监管机构和个人的义务；提供重要互联网平台服务、用户数量巨大、业务类型复杂的个人信息处理者负有的“守门人义务”。

（二）《国家自然科学基金条例》

1.《科学技术进步法》与《国家自然科学基金条例》

《国家自然科学基金条例》（以下简称条例）是于 2007 年 2 月 14 日国务院第 169 次常务会议通过的，并于 2007 年 4 月 1 日起施行的行政法规，在法规类别上属于科学研究科学项目、科技统计与财税和证券法规。

相较于 1993 年 7 月 2 日第八届全国人民代表大会常务委员会第二次会议通过的《科学技术进步法》，该法第 19 条：“国家加强基础研究能力建设，尊重科学发展规律和人才成长规律，强化项目、人才、基地系统布局，为基础研究发展提供良好的物质条件和有力的制度保障。国家加强规划和部署，推动基础研究自由探索和目标导向有机结合，围绕科学技术前沿、经济社会发展、国家安全重大需求和人民生命健康，聚焦重大关键技术问题，加强新兴和战略产业等领域基础研究，提升科学技术的源头供给能力。国家鼓励科学技术研究开发机构、高等学校、企业等发挥自身优势，加强基础研究，推动原始创新。”

在《国家自然科学基金条例》第1条也有规定，“为了规范国家自然科学基金的使用与管理，提高国家自然科学基金使用效益，促进基础研究，培养科学技术人才，增强自主创新能力，根据《中华人民共和国科学技术进步法》，制定本条例。”可以认为，该条例是以促进科学技术基础研究为目的，国家设立国家自然科学基金就是用于资助《科学技术进步法》规定的基础研究的，支持人才培养和团队建设，支持科学家自主探索自然科学规律，服务国家经济发展战略需求，提高自主创新能力。另外国家自然科学基金资助工作要遵循公开、公平、公正原则，实行尊重科学、发扬民主、提倡竞争、促进合作、激励创新、引领未来的方针。

2. 专家公正评审的科学基金制度

《国家自然科学基金条例》第5条：“确定国家自然科学基金资助项目（以下简称基金资助项目），应当充分发挥专家的作用，采取宏观引导、自主申请、平等竞争、同行评审、择优支持的机制。”

第13条：“基金管理机构应当聘请具有较高的学术水平、良好的职业道德的同行专家，对基金资助项目申请进行评审。聘请评审专家的具体办法由基金管理机构制定。”

为了择优确定基金资助项目，需要依靠行业领域的专家进行相应的评审，尊重专家的意见是科学基金制度的重要特点。为保证评审工作科学、公正，发挥专家的专业优势，择优确定需要资助的研究项目，《条例》规定了四项制度：

一是同行评议制度。除因国家经济社会发展特殊需要或者其他特殊情况临时提出的基金资助申请外，基金管理机构对基金资助申请应当先从同行专家库中随机选择3名以上专家进行通信评审，再组织专家进行会议评审。《条例》采纳了公开征求到的意见，对于创新性强、通信评审中多数评审专家认为不应当予以资助的申请项目（俗称“非共识项目”），经2名参加会议评审的专家署名推荐，可以进行会议评审，但推荐意见应当予以公布。会议评审提出的评审意见应当进行投票表决。

二是尊重评审专家意见制度。基金管理机构工作人员不得干预评审专家的评审工作，不得因与评审专家有不同学术观点否定评审专家的评审意见；申请人对评审专家的学术判断有不同意见，不得作为提出复审请求的理由。

三是回避制度。在基金资助项目评审工作中，基金管理机构工作人员、评审专家是申请人或者参与者的近亲属等《条例》规定的三种回避情形之一的，应当回避。《条例》采纳了公开征求到的意见，允许申请人向基金管理机构提供 3 名以内不适宜评审其申请的评审专家名单，供基金管理机构在选择评审专家时根据实际情况予以考虑。

四是复审制度。申请人对基金管理机构作出的不予受理或者不予资助的决定不服的，可以向基金管理机构提出复审请求。基金管理机构应当在 60 日内完成审查，认为原决定不符合《条例》规定的，撤销原决定，重新对申请人的基金资助申请组织评审专家进行评审、作出决定，并通知申请人和依托单位。

(三)《中华人民共和国人类遗传资源管理条例》

1. 我国人类遗传资源管理政策法规的发展历程

我国早在 1996 年就已经展开了关于人类遗传资源管理的政策制定和立法工作，1998 年，我国颁布《人类遗传资源管理暂行办法》，成为了我国首部加强人类遗传资源保护和利用的制度化文件。2011 年、2013 年科技部先后两次发布《关于进一步加强人类遗传资源保护管理工作的通知》；2015 年国务院将“涉及人类遗传资源的国际合作项目审批”的行政许可变更为“人类遗传资源采集、收集、买卖、出口、出境审批”，强化了采集、保藏人类遗传资源的行政审批制度。同年，科技部公布《人类遗传资源采集、收集、买卖、出口、出境审批行政许可事项服务指南》，将“分级管理、统一审批”的监管体制予以进一步明确。2017 年，为提高审批效率，促进新药和医疗器械研发，科技部发布《关于优化人类遗传资源行政审批流程的通知》，该通知简化了利用我国人类遗传资源开展临床试验的审批程序，并且进一步明确中外合作研究双方的权利与义务。为了促进我国人类遗传资源的有效保护和合理利用，维护公众健康、国家安全和社会公共利益，国务院在总结《人类遗传资源管理暂行办法》施行经验的基础上，于 2019 年 5 月和 2020 年 10 月先后颁布了《中华人民共和国人类遗传资源管理条例》和《中华人民共和国生物安全法》。

2. 有效保护、合理利用的立法目的

《人类遗传资源管理条例》第 1 条："为了有效保护和合理利用我国人类遗传资源，维护公众健康、国家安全和社会公共利益，制定本条例。"该条说明"有效保护"和"合理利用"人类遗传资源是本条例重要的考量，也是立法目的之一。

为了有效保护我国人类遗传资源，《条例》规定：一是国家加大对我国人类遗传资源的保护力度，开展人类遗传资源调查，对重要遗传家系和特定地区人类遗传资源实行申报登记制度。二是外国组织、个人及其设立或者实际控制的机构需要利用我国人类遗传资源开展科学研究活动的，采取与我国科研机构、高等学校、医疗机构、企业合作的方式进行。三是将人类遗传资源信息对外提供或者开放使用，实行备案并提交信息备份；可能影响我国公众健康、国家安全和社会公共利益的，应当通过国务院科学技术行政部门组织的安全审查。

为了促进合理利用我国人类遗传资源，《条例》规定：一是国家支持合理利用人类遗传资源开展科学研究、发展生物医药产业、提高诊疗技术，提高我国生物安全保障能力，提升人民健康保障水平。二是国家人类遗传资源保藏基础平台和数据库应当依照国家有关规定向有关科研机构、高等学校、医疗机构、企业开放。三是省级以上人民政府科学技术行政部门应当会同本级人民政府有关部门对利用人类遗传资源开展科学研究、发展生物医药产业统筹规划，合理布局，加强创新体系建设，促进生物科技和产业创新、协调发展。四是国家鼓励科研机构、高等学校、医疗机构、企业利用人类遗传资源开展研究开发活动，对其研究开发活动以及成果的产业化依照法律、行政法规和国家有关规定予以支持；鼓励利用我国人类遗传资源开展国际合作科学研究，提升相关研究开发能力和水平。

四、科技安全与科研伦理法律法规

（一）科学技术普及法

1.《科学技术普及法》的立法背景

21 世纪知识经济的兴起，科学技术已经成为一个国家的国际竞争力的标志。如果说科学技术是第一生产力，人才资源是第一资源，那么国民科技素质就是这种资源的源头。科学技术的竞争，是以科技教育的竞争为基础的。在这种形势下，我国作为发展中国家，必须重视科技人才的培养，全面提高国民科技素养。

但在《科学技术普及法》出台之前，当时我国的科学教育工作与发展是不相适应的，国民科技素养较低是阻碍我国科学教育工作难以开展的重要原因之一。2001 年，我国公众具备基本科学素养的占比为 1.4%，而美国公众的科学素养 1990 年时已达 6.9%，欧共体国家 1989 年时达到 4.4%。联合国开发署在《2001 年人文发展报告》中对全球各国国民的成人识字率、初高等综合入学率、科技素质等与国民素质密切相关的指标进行综合排序，我国位于 87 名，属于中等发展水平。种种现象表明当时我国国民科技素质低下，也影响到我国劳动生产率的提高，成为制约我国经济发展、社会进步和国际竞争力的关键因素。在当时的时代背景下，提高国民科技素质，加快科学技术的普及和科学教育已经刻不容缓。

在当时那种情况下，我国的全国人大代表多次提出议案，建议国家尽快制定一部科学技术普及法，以法律形式解决科普工作中存在的困难和问题，推进全国的科普工作。负责起草科普法的全国人大教科文卫委员会认为，有宪法和有关法律为依据，有我国几十年来科普工作的实践和1995年以来全国贯彻执行《中共中央、国务院关于加强科学技术普及工作的若干意见》的政策实践基础，有十几个省、市已制定的科普地方性法规以及国外科普工作经验可以借鉴，科普法的立法条件已经具备，时机已经成熟。

2002年6月29日，世界上第一部关于科学教育的专门法律——《中华人民共和国科学技术普及法》诞生。由我国宪法的有关条款和《科学技术进步法》的有关条款以及《科学技术普及法》和各地方的科学技术普及条例所构建的我国提高国民科技素养的法律制度正式形成。

2.《科学技术普及法》的立法宗旨、适用范围和科普方式

《科学技术普及法》的立法宗旨是实施科教兴国战略和可持续发展战略，加强科学技术普及工作，提高公民的科学文化素质，推动经济发展和社会进步。

《科学技术普及法》第2条规定："本法适用于国家和社会普及科学技术知识、倡导科学方法、传播科学思想、弘扬科学精神的活动。开展科学技术普及（以下简称科普），应当采取公众易于理解、接受、参与的方式。"据此，科普的内容既包括自然科学知识，也包括社会科学知识，还包括科学方法、科学思想、科学精神的传播、弘扬和普及。开展科普的方式，应当采取公众易于理解、接受、参与的方式。科普工作应当坚持群众性、社会性和经常性，结合实际，因地制宜，采取多种形式。

（二）《中华人民共和国数据安全法》

1. 数据和数据安全

数据和数据安全是《数据安全法》的调整对象，在该法第3条以"定义+列举+兜底"的方式明确了数据、数据处理及数据安全的内涵，规定"数据是指任何以电子或者其他方式对信息的记录。数据处理，包括数据的收集、存储、使用、加工、传输、提供、公开等。数据安全，是指通过采取必要措施，确保数据处于有效保护和合法利用的状态，以及具备保障持续安全状态的

能力。

《数据安全法》对“数据”定义模式，几乎穷尽了“数据”所能指向的内容；“电子化”+“书面记载”+“其他所有形式的信息”的表述，将未来因技术发展产生的其他“形式”的信息也囊括在内，这一规定使《数据安全法》真正成为基础性法律。

与此同时，《数据安全法》将数据的收集、存储、加工、使用、提供、交易、公开等所有可能发生的行为均定义为该法下的“数据处理”。相较于《民法典》和《个人信息保护法》，该法首次将“数据交易”明确定性为数据处理，并纳入该法的规制范围，这突出了立法者对推动数据要素流通应当实现“安全交易”的立法精神。

最后，《数据安全法》将数据安全定义为“一种状态和能力”，从动作上，要求企业在“经济的范围内”采取“必要措施”；从结果上，要求数据属于“有效保护”和“合法利用”的状态；从整体上，企业需要具备“可以持续”的能力。该条规定使数据安全有别于以往的“网络安全”，也使得企业应当“持续具备”保护国家安全、保护公共利益及保护相关主体权益的能力要求。

2. 《数据安全法》的立法目的

《数据安全法》第1条规定“为了规范数据处理活动，保障数据安全，促进数据开发利用，保护个人、组织的合法权益，维护国家主权、安全和发展利益，制定本法。”

从历史意义上看，该法的出台意味着我国首次将数据安全上升到“维护国家主权、安全和发展利益”的战略层面。任何的数据的处理与利用都应以维护我国国家主权、保护我国国家安全为前提。任何企业或者个人如有涉嫌威胁国家安全、影响国家主权的数据处理行为，不仅会面临刑事审查，还会面临国家安全审查。

因此，企业在开展涉及数据加工、数据交易、数据跨境业务的过程中，不仅要在传统意义上“网络安全”和“数据安全”的框架内进行，还应当时刻评估数据处理行为对国家安全和社会公共利益的影响，避免不当行为的发生。

3.《数据安全法》的指导理念

总体国家安全观在《数据安全法》第 4 条予以明确。该法规定“维护数据安全，应当坚持总体国家安全观，建立健全数据安全治理体系，提高数据安全保障能力。”国家安全涉及政治、国土、军事、经济、文化、社会、网络等各个方面，是一套复杂的工程。

根据《国家安全战略纲要》（2015）以及《中华人民共和国国家安全法》，国家安全工作必须坚持总体国家安全观。现阶段，我国大量影响国家安全及社会稳定的数据被企业掌握，某些零散数据在被外部机构收集、加工、分析和使用之后，可能直接影响我国某一地区的发展，因此，教育、引导、规范各类企业的开展数据合规工作，不仅有利于让企业认识到自身对国家安全的重要意义，也有利于监管部门推进国家安全各项工作。

正如《关于构建数据基础制度更好发挥数据要素作用的意见》强调，构建以数据为关键要素的数字经济，要把安全贯穿数据治理全过程，守住安全底线，明确监管红线，加强重点领域执法司法，把必须管住的坚决管到位。要构建政府、企业、社会多方协同治理模式，强化分行业监管和跨行业协同监管，压实企业数据安全责任。

因此，无论是政府机关、高校以及中介机构对数据安全知识的宣传普及和教育培训，还是各类机构吸引和推动企业参与数据安全标准体系制定，抑或是相关部门引导和要求相关企业参与数据安全及个人信息保护风险评估，都应将总体国家安全观落实到我国数据发展的各个领域，促进我国数据要素市场的建设与发展。

第二章　科技创新与科技进步法律制度

国家完善高效、协同、开放的国家创新体系，统筹科技创新与制度创新，健全社会主义市场经济条件下新型举国体制，充分发挥市场配置创新资源的决定性作用，更好发挥政府作用，优化科技资源配置，提高资源利用效率，促进各类创新主体紧密合作、创新要素有序流动、创新生态持续优化，提升体系化能力和重点突破能力，增强创新体系整体效能。

第一节　科学技术人员

科学技术人员是社会主义现代化建设事业的重要人才力量，应当受到全社会的尊重。国家坚持人才引领发展的战略地位，深化人才发展体制机制改革，全方位培养、引进、用好人才，营造符合科技创新规律和人才成长规律的环境，充分发挥人才第一资源作用。

一、科学技术人员的界定

科学技术人员，即直接从事科学技术活动的人员和为科学技术活动提供管理、服务的人员。

《陕西省科学技术进步条例》第 29 条第一款规定："本省统筹优化战略科学家、科技领军人才、科技创新团队、青年科技人才、企业家人才、卓越工程师和大国工匠等科学技术人才队伍结构，建立政府引导、企业参与、社会支持的人才引进与培养多元投入机制。"

《浙江省科学技术进步条例》第 42 条第二款规定："县级以上

人民政府、有关部门应当建立系统性、梯次化的科技创新人才体系，制订紧缺人才培养和引进计划，加强战略科学家、科技领军人才和创新团队、青年科技人才、卓越工程师、大国工匠、高技能人才以及科技创新后备人才等各类科学技术人才的培养和引进。”

《苏州市科技创新促进条例》第 34 条规定：“本市制定和实施科技人才发展规划，完善科技人才的引进、培养、使用、流动、评价、激励机制，重点支持战略科学家、一流科技领军人才和创新团队、青年科技人才、卓越工程师、大国工匠、高技能人才等队伍建设。”

《江西省科技创新促进条例》第 26 条规定：“本省应当深化科技创新人才发展体制机制改革，建立健全战略科学家、科技领军人才、青年科技人才等创新人才和团队的梯队培养、发现、引进、使用、评价机制，营造符合科技创新规律和人才成长规律的环境。”

可见，根据我国法律法规及相关政策的规定，我国科学技术人员的外延通常包括：战略科学家、科技领军人才、科技创新团队、青年科技人才、企业家人才、卓越工程师、大国工匠、高技能人才以及科技创新后备人才等。

二、科学技术人员的培育

国家营造有利于科技创新的社会环境，鼓励机关、群团组织、企业事业单位、社会组织和公民参与和支持科学技术进步活动。全社会都应当尊重劳动、尊重知识、尊重人才、尊重创造，形成崇尚科学的风尚。

（一）尊重人才、爱护人才的社会环境

国家营造尊重人才、爱护人才的社会环境，公正平等、竞争择优的制度环境，待遇适当、保障有力的生活环境，为科学技术人员潜心科研创造良好条件。

国家采取多种措施，提高科学技术人员的社会地位，培养和造就专门的科学技术人才，保障科学技术人员投入科技创新和研究开

发活动，充分发挥科学技术人员的作用。禁止以任何方式和手段不公正对待科学技术人员及其科技成果。

各级人民政府应当坚持人才引领发展的战略地位，加强科学技术人员队伍体系建设，将科学技术人员的培养、发现、引进、使用、评价、流动、激励、服务和保障等机制纳入当地人才发展规划，加快构建具有吸引力和竞争力的人才制度体系，优化科学技术人员发展环境，提升科学技术人员服务水平，提高科学技术人员社会地位，激发科学技术人员创新活力。

人民政府应当建立支持创新创业容错免责机制，鼓励创新、宽容失败，营造识才、爱才、敬才、用才的良好环境。国家鼓励科学技术人员自由探索、勇于承担风险，营造鼓励创新、宽容失败的良好氛围。对财政性资金资助的探索性强、风险性高的科学技术研究开发项目，原始记录等能够证明承担探索性强、风险高的科学技术研究开发项目的科学技术人员已经履行了勤勉尽责义务仍不能完成该项目的，予以免责，项目委托单位应当允许结题，承担该项目的组织和科学技术人员后续申请其他科学技术研究开发项目以及职称评定等方面不受影响。

（二）科学技术人员的队伍建设

《中华人民共和国科学技术进步法》第 58 条规定："国家加快战略人才力量建设，优化科学技术人才队伍结构，完善战略科学家、科技领军人才等创新人才和团队的培养、发现、引进、使用、评价机制，实施人才梯队、科研条件、管理机制等配套政策。"

通常来说，省级人民政府应当统筹优化本行政区域的战略科学家、杰出科技人才、科技领军人才、科技创新团队、青年科技人才、企业家人才、卓越工程师和大国工匠等科学技术人才队伍结构，营造符合科技创新规律和人才成长规律的创新生态，建立政府引导、企业参与、社会支持的人才引进与培养多元投入机制。

县级以上人民政府、有关部门应当在本省级人民政府的指导下，坚持人才引领发展的战略地位，完善科学技术人才培养、发现、引进、使用、流动、激励、保障、评价等制度，建立和完善创新、创业的政策支持体系和人才培养选拔制度，建立健全科学技术人员奖励制度，优化科学技术人才发展环境，建立系统性、梯次化的科技创新人才体系，制定紧缺人才培养和引进计划，提升科学技术人员服务水平，提高科学技术人员社会地位，保障科学技术人员的工作、生活条件，激发科学技术人员创新创业活力。

发展改革、教育、科技、工业和信息化、公安、民政、财政、人力资源社会保障、住房城乡建设、农业农村、文化旅游、卫生健康、国有资产监管、市场监管、医疗保障、金融监管、政务服务数据管理、投资促进等部门按照各自职责，加强沟通配合，强化人才服务保障，做好有关人才工作和本行业系统内的人才队伍建设。

工会、共产主义青年团、妇女联合会、文学艺术界联合会、科学技术协会、归国华侨联合会、残疾人联合会、工商业联合会、社会科学界联合会、作家协会等组织应当结合自身优势，做好人才的沟通、联络、推荐、服务等工作。

利用财政性资金设立的科学技术研究开发机构、高等学校应当结合本单位实际，制定实施科技人才发展计划。

（三）科学技术人员的引进

国家实施积极、开放、有效的人才引进政策，以经济社会发展需求为导向，注重靶向引才和柔性引才，充分发挥人才计划和人才工程、重大科研项目和高水平科研基地的作用，优先引进高层次创新型科技人才和急需紧缺人才。

各级人民政府、有关部门应当以经济社会发展需求为导向，制定和完善引进、留用科技创新人才的政策措施，制定和实施人才计划和人才分类标准，绘制人才地图和引才图谱，建立健全科学技术人才引进机制，定期发布急需紧缺人才目录，加大科技创新人才的引进、留用力度，确保人才引进与产业、岗位需求的紧密对接，引进符合产业发展的创新创业团队、高层次人才、技术技能人才和急需紧缺人才。

人民政府、有关部门可以为科学技术人才在企业设立、科研条件保障、职称评定、科技成果转化等方面提供政策支持，在人才落户、居住、配偶安置、子女入学、医疗服务和金融保险等方面提供便利化服务。

人力资源社会保障等有关部门应当定期征集岗位，举办招聘活动，优化招聘服务，并可以在人才密集地区建立招才工作站，开展驻点引才工作。

鼓励用人单位引进经济社会发展急需紧缺的高层次人才和创新团队。对符合认定条件的高层次人才和创新团队在编制管理、职称评审、岗位聘任、工资待遇、项目资助、荣誉表彰等方面按照有关政策给予支持。对引进高层次人才的单位按照规定给予奖励、补贴。

鼓励和支持高等学校、科研机构、职业学校、医疗卫生机构、社会服务机构、企业、技术研发和公共服务平台等企业事业单位通过挂职兼职、项目合作、技术指导/咨询、联合研发、岗位顾问、特聘返聘、多主体联合聘用等多种方式柔性引进科学技术人员，对高精尖缺人才可以采取“一人一策”“一事一议”的方式引进。柔性引进的科学技术人员在工作期间，取得重大科研成果并产生显著经济效益和社会效益的，按照有关规定给予政策和资金支持。柔性引进的创新团队和人才，可以不改变劳动人事、档案、户籍、社会保险等关系。柔性引进的科技创新人才自带项目、团队、技术创办企业或者开展技术创新活动并符合相关规定的，给予奖励，用于科研项目和生活补贴。

鼓励企业事业单位建立博士后工作站、流动站，创新实践基地、研究生工作站以及院士专家工作站，吸引高层次人才及其团队从事科技创新。支持利用财政性资金设立的高等院校、科研机构等事业单位通过人才专项编制引进科技人才设置特设岗位编制和设立一定比例流动岗位用于科技人才引进。支持高等学校、科研机构、企业等创新主体建立市场化的人才发现和引进机制，加强战略性科技人才储备。

鼓励在国外工作的科学技术人员回国创新创业，吸引外籍人才来我国或通过“飞地引进”① 等方式从事科技创新工作。人民政府和有关部门应当为符合条件的外籍高层次人才及其团队核心成员在申请长期居留和永久居留、办理工作许可、享受金融服务等方面提供便利。

人民政府可以设立人才引进专项资金，支持用人单位围绕重要产业链发展，依托科技创新平台、项目等培养、引进创新团队和领军人才，促进项目、人才、资金和平台等一体化配置。企业引进人才费用可以列入经营成本，事业单位引进人才费用可以从事业经费中列支。高端人才的引进费用可以按照国家有关规定享受税收减免政策。对入选自治区级以上人才计划的人才，按照有关规定给予资金扶持。

各级人民政府应当建立灵活多样的乡村人才引进机制，畅通人才引进和回流渠道，吸引优秀人才参与乡村振兴。

（四）科学技术人员的流动

各级人民政府应当建立和完善科学技术人员流动机制。人才流动应当充分发挥市场在人才资源配置中的主导作用，破除所有制、地域、行业等制约，促进人才资源有效配置和合理流动。

鼓励和支持科学技术研究开发机构、高等学校和企业事业单位建立互聘高层次创新创业人才机制。利用财政性资金设立的科学技术研究开发机构和高等学校可以根据创新工作需要，自主设置流动岗位。流动岗位人员被正式聘用的，其在流动岗位期间的工作业绩可以作为岗位聘用和职称评审的重要依据。

高等学校、科研机构等事业单位的科学技术人员可以按照有关规定，经所在单位同意，在规定期限内离岗或兼职创办科技型企

① 飞地引进，指在当地国引进外籍人才，工作地在当地国本土，但科研成果在我国境内落地与转化。

业，从事科技成果转化活动，在离岗期间保留人事关系。鼓励高等学校、科研机构、职业学校聘请具有创新实践经验的企业经营管理人才、科研和技术技能人才担任兼职教师或者兼职研究人员。

人民政府应当提高艰苦岗位和农村等基层一线人才保障水平，实施助力乡村教师专业发展、选派科技特派员和特聘农技员等各类人才服务基层项目，鼓励和吸引产业、科技、教育、文化旅游、卫生健康、规划建设、法律服务等方面的人才向艰苦岗位和农村等基层一线流动，为服务基层一线的优秀人才在当地的居住、子女入学、父母养老、社会保障等方面提供便利。

（五）科学技术人员的培养

国家完善创新人才教育培养机制，在基础教育中加强科学兴趣培养，在职业教育中加强技术技能人才培养，强化高等教育资源配置与科学技术领域创新人才培养的结合，加强完善战略性科学技术人才储备，支持高等学校、职业技术学校、企业事业单位、科学技术研究开发机构、医疗卫生机构、社会教育机构等联合培养各层次科学技术专业人才和高技能人才。

1. 人民政府、有关部门的指导和引领

科学技术人员培养开发应当以经济社会发展需求为导向，加强政治引领和政治吸纳，遵循人才成长规律，坚持德才兼备，培养科学精神，全面提高人才自主培养质量，提升技术技能水平和创新创业能力。

人民政府、有关部门应当建立健全基础研究人才、前沿技术研究人才培养的长期稳定支持机制，鼓励人才自主选择科研方向、组建科研团队，在项目立项、科研经费、财政补贴等方面给予支持，提升科技原创能力。

人民政府、用人单位应当鼓励和支持科学技术研究开发机构、高等学校、企业事业单位加大创新人才培养力度，建立创新型人才培养机制和各类人才培养平台，开展岗位实践、技能培训、在职进修、继续教育、学术交流等人才培训活动，培养具有社会责任感、创新精神和实践能力的高水平科技人才。

2. 高等学校与科研机构建设

鼓励科学技术研究开发机构、高等学校、企业事业单位结合当地创新目标、任务和重点领域，开展相关创新实践活动，培养急需、紧缺的创新人才，发挥教育在人才培养中的基础性作用，推进高等学校建设世界一流大学和一流学科，加强基础学科建设和基础研究人才培养，增强基础研究自主布局能力。

教育、科技、财政、人力资源和社会保障等部门应当加强对高等学校在学科建设、专业设置、大学生创业就业指导服务等方面的政策支持。

支持高等学校以促进产学研用融合为导向，增设与产业体系、技术体系相匹配的特色型学科专业，与产业集群、产业园区共建现代产业学院、实习实训基地和创业孵化基地，推进产学研深度融合。

鼓励高等学校探索创新创业教育，建立创新创业学院和创新创业教育实践基地，开设创新创业教育项目，举办创新创业活动，完善大学生创新创业指导服务机制。

鼓励有条件的高等学校，面向未来发展趋势建立未来技术学院，培养引领未来科技发展的复合型、创新型人才。

3. 战略人才与高端人才培养

国家坚持弘扬科学家精神，注重选拔培养具有战略科学家潜质的高层次复合型人才。教育、科技、工业和信息化、公安、财政、人力资源和社会保障、农业农村、卫生健康、国有资产监督管理等部门应当对符合条件的人才在项目承担、学术交流、团队建设等方面给予支持。

国家支持开展国际学术交流活动，组织高水平人才出国（境）开展学习培训、学术交流等活动。鼓励高等学校、科研机构、领军企业等加强与国际知名大学、学术机构的合作，开展人才联合培养和科研联合攻关，积极参与组织国际和区域性重大科学计划和科学工程，提升人才国际协同创新能力。

国家积极推进卓越工程科技人才队伍建设，人民政府、有关部门应当统筹规划科学技术研究开发，结合主导产业实施重大人才工程项目，发挥人才在科技创新、产业转型等方面的引领作用。支持建设全国重点实验室、省级重点实验室、市级重点实验室，设立技术创新中心、产业创新中心、制造业创新中心、工程研究中心、企业技术中心、临床医学研究中心等科研平台，推动集聚创新资源，培养高层次创新人才。

4. 企业家发展与成长

人民政府应当创造有利于促进企业家发展、成长和创新经营的环境，依托高等学校、领军企业等开展战略管理、市场开拓、经营模式、资本市场等方面的常态化、系统化培训，弘扬企业家精神，建立企业家交流学习合作平台，培养优秀企业家和职业经理人。

鼓励用人单位通过技能人才自主评审等方式，加强关键领域高层次人才队伍的培养，建立产学研融合、多学科交叉的人才培养机制，培养造就战略科技人才、科技领军人才和高水平创新团队，提高科技成果转化和产业化水平。

5. 职业技能培训与职业教育

国家支持建设职业技能培训示范基地，构建以行业企业为主体、职业学校为基础、政府推动与社会支持相结合的职业技能培训体系。

人力资源和社会保障等部门应当支持有条件的企业举办职业学校、职业培训机构，建设企业培训中心、企业公共实训基地、技能大师工作室、高技能人才培训基地，搭建高技能人才培养平台。深化产教融合、校企合作，推广订单培养模式，推行企业新型学徒制，培育劳模精神、劳动精神、工匠精神，联合培养更多高素质技能人才、能工巧匠和大国工匠。

职业院校、技工院校应当联合企业设置与技术创新、工艺改造、产业升级相适应的课程，加强对高技能人才的培训，促进高技能人才知识更新和技能提升。

6. 继续教育

各级人民政府和企业事业单位应当保障科学技术人员接受继续教育的权利，并为科学技术人员的合理、畅通、有序流动创造环境和条件，发挥其专长。

人力资源和社会保障部门应当健全专业技术人才继续教育工作机制，完善政策措施，支持专业技术人才更新知识、提升能力。

鼓励用人单位建设高技能人才培养平台，将专业技术人才继续教育纳入职工教育培训范围，完善职工继续教育、技术技能培训等制度，支持职工参加技术创新活动。

（六）特殊科学技术人员的培养和保护

本书所称特殊科学技术人员主要包括青年科学技术人员、少数民族科学技术人员、女性科学技术人员、老年科学技术人员、乡村科学技术人员等。

上述科学技术人员在承担科学技术研究开发项目、参与科学技术评价、竞聘专业技术职务、接受继续教育等方面享有平等权利，鼓励上述科学技术人员在科学技术进步中发挥积极作用。

1. 青年科学技术人员

各级人民政府和企业事业单位应当为青年科学技术人员成长创造环境和条件，鼓励青年科学技术人员在科技领域勇于探索、敢于尝试，充分发挥青年科学技术人员的作用。发现、培养和使用青年科学技术人员的情况，应当作为评价科学技术进步工作的重要内容。

国家建立健全对青年科技人才支持政策，完善青年科技人才全链条培养制度，加强青年科技人才队伍建设，加大对青年科技人才培养和使用力度，探索建立青年科技人才发现、遴选和符合人才成长规律的长期稳定支持、接力培养机制，打造高水平青年科技人才队伍。

国家支持优秀青年科技人才破格参加各类专业技术岗位评聘，

加大青年科技创新人才表彰奖励力度，通过项目单列等方式，提高青年科技人才担任重大科技研发专项、重点研发计划、重大平台基地等负责人和骨干的比例，提高科学技术研究开发机构和高等学校研发经费中用于支持青年科研人员的比例。

国家自然科学基金设立杰出青年科学基金项目，用于资助优秀青年科学技术人员开展科学技术研究，并逐步提高资助力度和资助规模。支持优秀青年人才到境外进行短期培训、学术交流、访问进修、合作研究等活动；支持博士后科研流动站、科研工作站、创新实践基地建设，发挥院士工作站、院士专家协同创新中心作用，引育高层次、创新型青年人才。

2. 女性科学技术人员

各级人民政府和企业事业单位应当完善女性科学技术人员培养、评价和激励机制，关心孕哺期女性科学技术人员，鼓励和支持女性科学技术人员在科学技术进步中发挥更大作用。

3. 乡村科学技术人员

人民政府应当结合本地区海水养殖、水稻种植、乡村旅游等特色产业，培养开发农村基层管理人才、农民企业家、种植养殖能手等农村实用人才和服务农村经济社会发展的科技、教育、文化旅游、卫生健康等方面的人才。

人民政府、有关部门应当制定农业科研和技术推广人才培养计划，组织开展基层农业科学技术人员定期培训，健全基层农业科技推广人员职称评定制度，创新农业科研人才激励机制，提高农业科学技术人员的生活条件和待遇。人力资源社会保障、农业农村等主管部门应当完善乡村工匠专业人才职称评价体系，引导农业农村人才参与职称评价工作。

鼓励高等学校、科研机构、职业学校与人民政府共建培训基地，与农业企业共建研究院，开展各类新型职业农民培训。

三、科学技术人员的评价、服务与保障

国家建立和完善有利于创新的科学技术评价制度。科学技术评价应当坚持公开、公平、公正的原则，以科技创新质量、贡献、绩效为导向，根据不同科学技术活动的特点，实行分类评价。

（一）科学技术人员的评价和使用

科学技术人员的使用应当坚持人岗相适、用当其时、人尽其才的原则，以人才评价为基础，科学合理使用人才。

人才评价应当以创新价值、能力、贡献为导向，注重标志性成果的质量、贡献、影响和转化应用，不唯论文、职称、学历、奖项，分类别、分层次对人才进行评价，并将评价结果作为人才使用、激励的重要参考依据。

国家实行科学技术人员分类评价制度，对从事不同科学技术活动的人员实行不同的评价标准和方式，突出创新价值、能力、贡献导向，合理确定薪酬待遇、配置学术资源、设置评价周期，形成有利于科学技术人员潜心研究和创新的人才评价体系，激发科学技术人员创新活力。

国家机关、企业事业单位、社会组织应当建立健全公开、公平、竞争、择优的人才选拔任用制度，发挥人才创造性作用。人民政府、有关部门应当逐步建立科学、合理、多元的评价机制，发挥政府、用人单位、行业协会、专业组织等评价主体作用，制定科学、客观、合理的人才评价标准，通过组织评价、社会评价、专家评价、市场评价、测评技术评价、大数据测评等方式，开展分类别、分层次人才评价。

人力资源和社会保障部门应当会同行业主管部门完善职称评审制度，突出用人单位在职称评审中的主导作用，支持符合条件的高等学校、科研机构、医疗卫生机构、企业等按照有关规定开展职称自主评审。科学技术研究开发机构、高等学校可以将科学技术人员承担企业科学技术研究开发、成果转化等活动的实绩，作为专业技

术考核评价和职称、职务评聘的重要条件。

人力资源和社会保障等部门应当畅通非公有制经济组织、社会组织、自由职业人才申报参加职称评审渠道，畅通科学技术人才向民营企业流动渠道，健全人事管理、档案管理、社会保障等接续的政策机制，完善民营企业职称评审办法、畅通民营企业职称评审渠道、创新民营企业职称评审方式，对论文、职称外语等不做限制性要求，突出工作能力和业绩考核，注重市场认可和对企业的实际贡献。民营企业专业技术人才专利成果、技术突破、工艺流程、标准开发、成果转化等可以作为职称评审的内容。

人力资源和社会保障等部门应当畅通海外人才职称评审渠道，在当地工作的海外人才，可以参照当地专业技术人才标准，按照实际工作经历直接申报相应职称。

人力资源和社会保障等部门应当推进职称制度与职业资格、职业技能等级制度有效衔接，拓展技术技能人才职业发展通道。

用人单位应当重视人才专长，综合人才评价结果，结合人才专业知识或者专业技能安排合适的岗位和工作，发挥人才创造性作用。用人单位应当明确岗位职责，结合人才职业规划科学合理使用人才。用人单位应当依法建立和完善规章制度，落实各项人才政策，保障人才享有合法权利，为人才提供良好的工作环境和工作条件，提高人才使用成效，使人才价值得到充分尊重和实现。

（二）科学技术人员的服务和保障

科学技术行政等有关部门和企业事业单位应当完善科学技术人员管理制度，增强服务意识和保障能力，简化管理流程，避免重复性检查和评估，减轻科学技术人员项目申报、材料报送、经费报销等方面的负担，保障科学技术人员科研时间。

人民政府应当整合相关职能部门服务资源，建设人才综合服务平台，建立人才待遇保障机制，明确人才待遇标准和服务期限，推动建立政府、市场、社会和用人单位共同配合的人才综合服务保障体系。

人民政府应当在推进数字政府建设中，统筹落实线上平台运行维护、数据更新、资源共享等工作，利用信息技术手段，提升人才服务数字化和智慧化水平，按照有关规定建立熟悉政策、精通业务、善于沟通的人才服务专员队伍，为相关人才提供专业化服务。人才工作相关主管部门应当建立健全人才诉求反馈机制，对涉及人才的相关诉求，及时帮助提供解决办法或者途径。

人才工作综合主管部门、人力资源社会保障等有关部门应当对人才发展环境和人才政策落实情况进行评估，并根据评估结果及时调整完善人才政策。人才发展环境和人才政策落实情况评估可以委托第三方机构实施。

人民政府、有关部门应当健全完善人才服务的具体政策措施，按照各自职责为人才提供出入境、居留、落户、卫生健康、住房安居、就业创业、子女教育、配偶就业、社会保险、档案管理等配套服务。

人民政府应当支持引进人力资源服务机构，培育发展人力资源服务产业园和骨干企业，推动建设人力资源服务中心和人才孵化园区，培养人力资源服务业人才，实现人才服务产业化、规模化发展。鼓励各类人力资源服务机构、职业培训机构和从事人才交流的民间机构等社会组织，为人才提供个性化和多样化服务。鼓励人才智力密集的产业园区和有条件的企业事业单位完善配套服务设施，引进优质幼儿园、中小学校、医疗卫生机构等入驻，解决人才的子女教育、医疗等问题。

住房城乡建设部门应当会同发展改革、财政、人力资源社会保障、自然资源等有关部门推进人才安居工程建设，多形式筹集房源，多渠道解决人才居住需求。人民政府应当拓展人才交流服务空间，建设富有本市特色的人才社区和人才公园。

人民政府应当建立人才创新创业项目贷款风险补偿机制，鼓励和支持金融机构积极创新金融产品和服务，加强对人才创新创业的信贷支持、知识产权质押融资支持和保险保障服务等。支持有条件的地区通过设立人才引进基金、风险投资基金等形式，为人才发展拓宽投融资渠道，推动各类基金与企业有效对接，引导社会资本与企业融合发展。

人民政府应当全面加强知识产权保护，实施严格的知识产权保护制度，建立健全创新创业的知识产权扶持、激励与保护机制，严格落实侵权预防、预警、应对和知识产权侵权惩罚性赔偿制度，畅通人才知识产权维权援助渠道，推动知识产权引导、激励、保障科技创新。人民政府应当加强知识产权运营服务体系建设，健全完善知识产权交易评估评价、质押融资风险补偿扶持等制度，促进知识产权转移转化。

鼓励民营企业科学技术人员申报职称，民营企业高层次人才、急需紧缺人才、优秀青年人才可以按照有关规定申报相应层级职称。

科学技术人员在艰苦、边远地区或者恶劣、危险环境中工作，所在单位应当按照国家有关规定给予补贴，提供其岗位或者工作场所应有的职业健康卫生保护和安全保障，为其接受继续教育、业务培训等提供便利条件。科学技术人员被选派服务农村和企业期间，工资、职称晋升和岗位变动与其他在职人员同等对待；在评聘和晋升专业技术职称时，应当将其服务农村和企业的工作业绩作为重要依据；做出重要贡献的，优先晋升专业技术职称。

（三）科学技术人员的激励

我国法律规定，每年5月30日为全国科技工作者日。

国家建立和完善科学技术奖励制度，设立国家最高科学技术奖等奖项，对在科学技术进步活动中做出重要贡献的组织和个人给予奖励。具体办法由国务院规定。

国家鼓励国内外的组织或者个人设立科学技术奖项，对科学技术进步活动中做出贡献的组织和个人给予奖励。

科学技术人员的激励应当坚持精神激励和物质激励相结合，以尊重和实现人才价值为导向，激发人才创新创业活力。

各级人民政府、企业事业单位和社会组织应当建立完善以增加知识价值为导向的科学技术人员激励机制，构建充分体现知识、技术等创新要素价值的收益分配机制，优化收入结构，建立工资稳定增长机制，提高科学技术人员的工资水平；绩效工资分配向关键创新岗位或者做出突出贡献的科研人员、创新团队和一线优秀人才倾斜，对从事基础研究和社会公益性研究等研究开发周期较长的科学技术人员，可以适当提高基础性绩效工资比重；对有突出贡献的科学技术人员给予优厚待遇和荣誉激励。

人民政府、有关部门应当逐步完善科研事业单位绩效工资总量核定和动态调整机制，对知识技术密集、高层次科技创新人才相对集中的科研事业单位，核定绩效工资总量应当适当倾斜。

利用财政性资金设立的科研事业单位在分配绩效工资时，应当向承担科研任务较多、成效突出的科研人员倾斜；对符合条件的急需紧缺、业内认可、业绩突出的少数高层次科技创新人员可以实行年薪制、协议工资制、项目工资等分配形式，所需绩效工资总量在科研事业单位绩效工资总量中单列。

承建国家级或者省级重大创新平台、获得国家级或者省级科学技术奖、牵头承担国家或者省重大科技项目的科研事业单位，经审核后可以调整专业技术岗位结构比例。

鼓励国有企业事业单位采用年薪制、协议工资制、项目工资等方式，合理确定高层次和急需紧缺人才的薪酬。可以按照国家和省有关规定将承担财政性资金投入的科研项目提取的间接费用全部用于绩效支出；现有工资总额难以满足的，可以在提取的间接费用范围内按照国家和省有关规定向参与项目的科技人员发放奖金，并据实计入工资总额，不作为当年度工资总额基数。承担国家、省重大科技项目任务的国有企业，可以按照国家和省有关规定设立科技项目专项奖金或者采用其他特殊薪酬方式，向引进的符合国有企业重大科技创新薪酬分配政策适用条件的高层次技术技能人才支付薪酬。薪酬据实计入工资总额，不作为当年度工资总额基数。

国家鼓励科学技术研究开发机构、高等学校、企业等采取股权、期权、分红等方式激励科学技术人员。鼓励企业事业单位设立首席研究员、首席科学家、首席工程师、首席技师等岗位，并根据其实际贡献给予相应待遇。

高等学校、科研机构按照有关规定，对其持有的科技成果可以自主决定使用、处置和收益管理。职务科技成果转化后，由科技成果完成单位对完成、转化该项科技成果做出重要贡献的人员给予奖励和报酬。

利用财政性资金设立的科学技术研究开发机构和高等学校的科学技术人员，在履行岗位职责、完成本职工作、不发生利益冲突的前提下，经所在单位同意，可以从事兼职工作获得合法收入。技术开发、技术咨询、技术服务等活动的奖酬金提取，按照科技成果转化有关规定执行。

人民政府应当将人才工作经费纳入财政预算并予以保障，用于促进人才发展。有条件的人民政府可以设立人才发展专项资金，保障人才发展各项政策和工作的实施。鼓励社会组织、企业和个人发起设立人才发展基金，为人才发展提供资金支持。

四、科学技术人员的权利和义务

科学技术人员可以根据其学术水平和业务能力选择工作单位、竞聘相应的岗位，取得相应的职务或者职称。科学技术人员应当信守工作承诺，履行岗位责任，完成职务或者职称相应工作。

科学技术人员应当大力弘扬爱国、创新、求实、奉献、协同、育人的科学家精神，坚守工匠精神，在各类科学技术活动中遵守学术和伦理规范，恪守职业道德，诚实守信；不得在科学技术活动中弄虚作假，不得参加、支持迷信活动。

科研诚信记录作为对科学技术人员聘任专业技术职务或者职称、审批科学技术人员申请科学技术研究开发项目、授予科学技术奖励等的重要依据。

科学技术人员有依法创办或者参加科学技术社会团体的权利。科学技术协会和科学技术社会团体按照章程在促进学术交流、推进学科建设、推动科技创新、开展科学技术普及活动、培养专门人才、开展咨询服务、加强科学技术人员自律和维护科学技术人员合法权益等方面发挥作用。科学技术协会和科学技术社会团体的合法权益受法律保护。

利用财政性资金设立的高等学校和科学技术研究开发机构的科学技术人员，在履行岗位职责、完成岗位工作、不发生利益冲突的前提下，向所在单位提出书面申请，经所在单位主要负责人或者分管负责人审批同意后，可以从事兼职工作，获得合法收入。

第二节　科学技术研究开发机构

国家统筹规划科学技术研究开发机构布局，建立和完善科学技术研究开发体系。国家在事关国家安全和经济社会发展全局的重大科技创新领域建设国家实验室，建立健全以国家实验室为引领、全国重点实验室为支撑的实验室体系，完善稳定支持机制。利用财政性资金设立的科学技术研究开发机构，应当坚持以国家战略需求为导向，提供公共科技供给和应急科技支撑。

一、科学技术研究开发体系

人民政府根据创新驱动发展战略需要，统筹规划科学技术研究开发机构布局，优化资源配置，建立和完善科学技术研究开发体系。国家重点支持设立从事基础研究、前沿技术研究、社会公益性技术研究的科学技术研究开发机构，统筹布局建设科技实验室，培育战略科技力量。

人民政府应当构建多层次、开放式的产业创新研发体系，推动国家级和省级技术创新中心、工程（技术）研究中心、产业创新中心、制造业创新中心、企业技术中心、工业设计中心、数字化转型促进中心、检验检测中心、应用场景等平台建设和运行，开展战略性、前瞻性、系统性的基础研究和关键核心技术攻关，推动基础理论与技术前沿的突破和创新，促进产业技术创新。

二、科学技术研究开发机构的设立

自然人、法人和非法人组织有权依法设立科学技术研究开发机构。境外的组织或者个人可以在中国境内依法独立设立科学技术研究开发机构，也可以与中国境内的组织或者个人联合设立科学技术研究开发机构。

人民政府支持建立新型研究开发机构。新型研究开发机构在承担政府项目、职称评审、培养引进人才、申请建设用地、投资融资服务等方面享受科研事业单位相关政策。新型研究开发机构的财政科研经费可以实行负面清单制度；新型研究开发机构在不违反负面清单要求的前提下，可以自主支配使用经费。

利用财政性资金设立的新型研究开发机构可以实行引入社会资本、员工持股等机制。人民政府、有关部门在土地、税收、资金、职称评定等方面给予支持，完善双重聘用、联合聘用科学技术人员的科技成果分配和互认机制，鼓励事业单位科研人员、科技成果转化服务人员到新型研究开发机构兼职取酬，实行包容审慎监管。

从事基础研究、前沿技术研究、社会公益性技术研究的科学技术研究开发机构，可以利用财政性资金设立。利用财政性资金设立科学技术研究开发机构，应当优化配置，防止重复设置。

科学技术研究开发机构、高等学校可以设立博士后流动站或者工作站。科学技术研究开发机构可以依法在国外设立分支机构。

三、科学技术研究开发机构的权利和义务

科学技术研究开发机构享有下列权利。

（1）依法组织或者参加学术活动。

（2）按照国家有关规定，自主确定科学技术研究开发方向和项目，自主决定经费使用、机构设置、绩效考核及薪酬分配、职称评审、科技成果转化及收益分配、岗位设置、人员聘用及合理流动等内部管理事务。

（3）与其他科学技术研究开发机构、高等学校和企业联合开展科学技术研究开发、技术咨询、技术服务等活动。

（4）获得社会捐赠和资助。

（5）法律、行政法规规定的其他权利。

科学技术研究开发机构应当依法制定章程，按照章程规定的职能定位和业务范围开展科学技术研究开发活动；加强科研作风学风建设，建立和完善科研诚信、科技伦理管理制度，遵守科学研究活动管理规范；不得组织、参加、支持迷信活动。

利用财政性资金设立的科学技术研究开发机构开展科学技术研究开发活动，应当以国家战略和本地区经济社会发展需求为导向，加强科技创新，提供公共科技供给和应急科技支撑，保障和改善民生重大科技需求，为国家目标和社会公共利益服务；有条件的，应当向公众开放普及科学技术的场馆或者设施，组织开展科学技术普及活动。

利用财政性资金设立的科学技术研究开发机构，应当建立健全科学技术资源开放共享机制，促进科学技术资源的有效利用。利用财政性资金购置的大型科学仪器、设施应当纳入大型科学仪器、设施共享服务平台。利用财政性资金购置大型科学仪器、设施的单位，应当按照国家和省有关规定履行共享义务，建立大型科学仪器、设施共享管理制度。

国家鼓励企业和其他社会力量自行创办科学技术研究开发机构，保障其合法权益。社会力量设立的科学技术研究开发机构有权按照国家有关规定，在承担科学技术计划项目、享受人才政策、获取创新资源等方面，享有与利用财政性资金设立的科学技术研究开发机构同等权利，平等竞争和参与实施利用财政性资金设立的科学技术计划项目。

国家完善对社会力量设立的非营利性科学技术研究开发机构税收优惠制度。鼓励社会力量设立的科学技术研究开发机构，在合理范围内实行科学技术资源开放共享。

四、科学技术研究开发机构的管理

人民政府、有关部门应当完善利用财政性资金设立的科学技术研究开发机构评估制度，坚持科技创新质量、绩效、贡献为核心的评价导向，引导不同类型的科研机构分类制定绩效目标，建立健全差异化绩效评价指标体系，将产业关键技术突破、创新产品研发、成果转化应用、支撑经济社会发展和履行社会责任效果等方面纳入评估范围，重点体现科技成果产出与应用、人才团队培养、科学技术服务等方面成效，评估结果作为机构设立、支持、调整、终止的依据。

支持利用财政性资金设立的科学技术研究开发机构、高等学校等开展基于绩效、诚信和能力的科研管理改革试点。利用财政性资金设立的科学技术研究开发机构，应当建立职责明确、评价科学、开放有序、管理规范的现代院所制度，实行院长或者所长负责制，建立科学技术委员会咨询制和职工代表大会监督制等制度，并吸收外部专家参与管理、接受社会监督；院长或者所长的聘用引入竞争机制。

国家支持发展新型研究开发机构等新型创新主体，完善投入主体多元化、管理制度现代化、运行机制市场化、用人机制灵活化的发展模式，引导新型创新主体聚焦科学研究、技术创新和研发服务。新型研究开发机构等新型创新主体在承担政府项目、引进和培养人才、投资融资服务等方面，按照规定享受相关优惠政策。

第三节　科学技术研究与创新法律制度

国家坚持新发展理念，坚持科技创新在国家现代化建设全局中的核心地位，把科技自立自强作为国家发展的战略支撑，实施科教兴国战略、人才强国战略和创新驱动发展战略，走中国特色自主创新道路，建设科技强国。

各级人民政府应当重点围绕本地区内优先发展的产业和领域，构建集中统筹、精准高效的科学技术计划体系，加强项目、人才、基地、资金一体化配置，推动产学研用紧密合作，支持高等学校、科学技术研究开发机构、企业等围绕国家重大战略、重点产业、社会公益及前沿技术需求，建立和完善基础研究、应用研究和成果转化体系。科学技术行政部门会同有关部门强化整体部署，统筹规划和组织推进基础研究、应用研究和成果转化工作。

一、基础研究

国家加强基础研究能力建设，尊重科学发展规律和人才成长规律，强化项目、人才、基地系统布局，为基础研究发展提供良好的物质条件和有力的制度保障。

（一）提升源头供给能力，推动原始创新

国家加强规划和部署，推动基础研究自由探索和目标导向有机结合，围绕科学技术前沿、经济社会发展、国家安全重大需求和人民生命健康，聚焦重大关键技术问题，加强新兴和战略产业等领域基础研究，提升科学技术的源头供给能力。

国家鼓励科学技术研究开发机构、高等学校、企业等发挥自身优势，加强基础研究，推动原始创新。

（二）建立稳定的基础研究投入机制

国家财政建立稳定支持基础研究的投入机制。

国家鼓励有条件的地方人民政府结合本地区经济社会发展需要，合理确定基础研究财政投入，加强对基础研究的支持。

国家引导企业加大基础研究投入，鼓励社会力量通过捐赠、设立基金等方式多渠道投入基础研究，给予财政、金融、税收等政策支持。

人民政府应当加强基础研究系统规划和部署，逐步提高基础研究经费在全社会科学技术研究开发经费总额中的比例，与创新型国家和科技强国建设要求相适应，引导高等学校、科学技术研究开发机构、企业等加大基础研究投入，有组织地推进体系化、探索性、应用性基础研究。

（三）设立科学技术基金，资助基础研究

国家设立自然科学基金，资助基础研究和前沿技术研究，支持人才培养和团队建设。确定国家自然科学基金资助项目，应当坚持宏观引导、自主申请、平等竞争、同行评审、择优支持的原则。

有条件的地方人民政府结合本地区经济社会实际情况和发展需要，可以设立自然科学基金，支持基础研究和前沿技术研究，培养科学技术人才，增强原始创新能力和关键核心技术供给能力。

自然科学基金可以与地方或者创新型领军企业等社会力量共同实施重大基础研究项目，依托基础研究平台开展科学前沿问题研究。

（四）完善学科布局，加大人才培养力度

国家完善学科布局和知识体系建设，推进学科交叉融合，强化基础研究基地建设，加大基础研究人才培养力度，增强基础研究自主布局能力。

鼓励和支持科学技术研究开发机构、高等学校、医疗卫生机构，建立数学、物理、化学、生命科学等基础学科研究中心；鼓励以企业为主体，开展面向产业需求的应用基础研究，推动基础研究与产业技术创新融通发展。

探索赋予科学技术研究开发机构、高等学校、企业事业单位在基础研究方向选择、课题设置、项目实施、经费使用等方面更大自主权，促进基础研究与应用研究协调发展。

国家加大基础研究人才培养力度，建立与基础研究相适应的评价体系和激励机制，强化对基础研究人才的稳定支持，鼓励和吸引优秀科学技术人员开展基础研究，提高基础研究人才队伍质量和水平。

（五）强化基础研究机制建设，优化资源配置

国家强化基础研究基地建设。

国家完善基础研究的基础条件建设，推进开放共享。

国家支持高等学校、科学技术研究开发机构、大型企业等加强基础学科建设和基础研究人才培养，增强基础研究自主布局能力，推动高等学校基础研究高质量发展。对基础研究优势突出的高等学校、科学技术研究开发机构，人民政府及其有关部门应当在经费等方面建立长期、稳定和集中支持机制。

国家建立满足基础研究需要的资源配置机制，建立与基础研究相适应的评价体系和激励机制，营造潜心基础研究的良好环境，鼓励和吸引优秀科学技术人员投身基础研究。人民政府及其有关部门应当在职责范围内保障高等学校、科学技术研究开发机构、大型国有企业等在基础研究方向选择、课题设置、项目实施、经费使用等方面的自主权。

二、应用研究与成果转化

国家鼓励以应用研究带动基础研究，促进基础研究与应用研究、成果转化融通发展。

（一）技术攻关和技术研发

人民政府应当聚焦战略性新兴产业培育、高新技术产业发展和传统产业转型升级，围绕本地区产业需求，制定相关政策，支持开展关键核心技术攻关和产业共性技术研发。

1. 关键核心技术攻关

国家建立和完善科研攻关协调机制，围绕经济社会发展、国家安全重大需求和人民生命健康，加强重点领域项目、人才、基地、资金一体化配置，推动产学研紧密合作，推动关键核心技术自主可控。

国家完善关键核心技术攻关举国体制，组织实施体现国家战略需求的科学技术重大任务，系统布局具有前瞻性、战略性的科学技术重大项目，超前部署关键核心技术研发。

人民政府应当定期发布关键核心技术需求清单，聚焦重大战略产品、重大产业化目标、重大社会公益性研究等，支持开展关键核心技术攻关；围绕现代化产业体系建设，推进关键核心技术自主可控，促进创新链、产业链、资金链和人才链深度融合，保障传统、优势产业链和供应链安全，增强新兴、未来产业发展基础和竞争力。

支持科技领军企业整合高等学校、科学技术研究开发机构等科研力量形成创新联合体，开展体系化、任务型的关键核心技术攻关。

有条件的人民政府应当通过自主实施或者与上级人民政府共同支持开展关键核心技术攻关，解决制约本地区产业发展的重大技术瓶颈问题。科学技术行政部门应当会同有关部门完善关键核心技术攻关项目的组织实施机制和管理方式。

2. 产业共性技术研发

国家完善共性基础技术供给体系，促进创新链产业链深度融合，保障产业链供应链安全。

国家加强面向产业发展需求的共性技术平台和科学技术研究开发机构建设，鼓励地方围绕发展需求建设应用研究科学技术研究开发机构。

国家鼓励科学技术研究开发机构、高等学校加强共性基础技术研究，鼓励以企业为主导，开展面向市场和产业化应用的研究开发活动。

3. 新技术应用

国家鼓励新技术应用，按照包容审慎原则，推动开展新技术、新产品、新服务、新模式应用试验，为新技术、新产品应用创造条件。

人民政府应当建立健全科技成果试用后有偿转化制度。引导高等学校、科学技术研究开发机构等单位将职务科技成果通过约定由企业试用后有偿转化的方式实施转化。

加大对重点领域和新兴领域科技创新的支持力度，围绕现代石化、绿色矿业、食品加工、轻工纺织、工程机械、轨道交通装备、现代农业、文化旅游、数字产业、新能源、大健康、空天海洋产业、人工智能、生命工程、量子科技、新材料等领域，支持高等学校、科学技术研究开发机构、企业开展重点领域和新兴领域创新合作，推动新技术、新产品应用。

（二）科技成果转化

国家加强科技成果中试、工程化和产业化开发及应用，加快科技成果转化为现实生产力，按照包容审慎原则，推动开展新技术、新产品、新服务、新模式应用试验。人民政府科学技术、工业和信息化、教育等行政部门应当支持科技成果转化概念验证中心、中试基地、技术市场等公共科学技术创新服务平台建设，提供政策指导、信息查询和发布、技术咨询等科技成果转化公共服务，推动科技成果转化和应用推广。

利用财政性资金设立的科学技术研究开发机构和高等学校，应当积极促进科技成果转化，加强技术转移机构和人才队伍建设，建立和完善促进科技成果转化制度。鼓励科学技术研究开发机构、高等学校与企业之间的知识交流和技术转移，支持科学技术研究开发机构、高等学校建立专业从事科技成果转化服务的技术转移中心。

鼓励高等学校、科学技术研究开发机构向企业和其他组织推介科技成果，支持企业和其他组织承接高等学校、科学技术研究开发机构的科技成果并实施转化。

国家鼓励企业、科学技术研究开发机构、高等学校和其他组织建立优势互补、分工明确、成果共享、风险共担的合作机制，按照市场机制联合组建研究开发平台、技术创新联盟、创新联合体等，协同推进研究开发与科技成果转化，提高科技成果转移转化成效。

有条件的人民政府应当合理安排财政资金投入，引导社会资金投入，推动科技成果转化资金投入的多元化。鼓励省地协同实施重大项目，加快自主创新成果的转化应用，培育高新技术产业和战略性新兴产业，提升产业自主可控能力。

拓展材料 2-1

《湖南省科学技术进步条例》第十五条：

支持高等学校、科学技术研究开发机构设立科技成果经营公司，作为职务科技成果作价投资的持股平台，代表高等学校、科学技术研究开发机构开展科技成果的托管运营，持有、管理成果转化公司中归属高等学校、科学技术研究开发机构的股权，行使股东权利。

利用财政性资金设立的高等学校、科学技术研究开发机构可以对持有的科技成果实行单列管理，对以作价投资等方式转化科技成果所形成的国有资产，不纳入国有资产保值增值管理考核范围。

符合条件的高等学校、科学技术研究开发机构对其持有的科技成果，可以自主决定转让、许可或者作价投资，不需报有关主管部门、财政部门审批。

（三）知识产权保护

利用财政性资金设立的科学技术计划项目所形成的科技成果，在不损害国家安全、国家利益和重大社会公共利益的前提下，授权项目承担者依法取得相关知识产权，项目承担者可以依法自行投资实施转化、向他人转让、联合他人共同实施转化、许可他人使用或者作价投资等。支持企业自主实施或者通过转让、许可、作价投资等方式转化实施科技成果。

项目承担者应当依法实施上述知识产权，同时采取保护措施，并就实施和保护情况向项目管理机构提交年度报告；在合理期限内没有实施且无正当理由的，国家可以无偿实施，也可以许可他人有偿实施或者无偿实施。

项目承担者依法取得的知识产权，为了国家安全、国家利益和重大社会公共利益的需要，国家可以无偿实施，也可以许可他人有偿实施或者无偿实施。

项目承担者因实施知识产权所产生的利益分配，依照有关法律法规规定执行；法律法规没有规定的，按照约定执行。

国家实行以增加知识价值为导向的分配政策，按照国家有关规定推进知识产权归属和权益分配机制改革，探索赋予科学技术人员职务科技成果所有权或者长期使用权制度。

国家鼓励利用财政性资金设立的科学技术计划项目所形成的知识产权首先在境内使用。向境外的组织或者个人转让，或者许可境外的组织或者个人独占实施的，应当经项目管理机构批准；法律、行政法规对批准机构另有规定的，依照其规定。

拓展材料 2-2

《湖南省科学技术进步条例》第十四条：

本省探索赋予科学技术人员职务科技成果所有权或者长期使用权制度。在不损害国家安全、国家利益和重大社会公共利益的情况下，单位可以将职务科技成果所有权或者长期使用权赋予职务科技成果完成人或者团队。赋予职务科技成果完成人或者团队职务科技成果所有权的，单位与职务科技成果完成人或者团队可以约定共同共有或者按份共有。高等学校、科学技术研究开发机构约定按份共有的，职务科技成果完成人或者团队持有的份额不低于百分之七十；赋予职务科技成果完成人或者团队长期使用权的，许可使用期限不少于十年。国有企业按照企业规定对职务科技成果完成人或者团队给予股权奖励或者其他激励。

对于同一职务科技成果，科学技术人员获得职务科技成果所有权或者长期使用权的，其单位可以不再给予职务科技成果转化收益及相关奖励。

高等学校、科学技术研究开发机构将职务科技成果转让、许可他人实施的，职务科技成果完成人或者团队可以从该项科技成果转让净收入或者许可净收入中提取不低于百分之七十的比例；利用职务科技成果作价投资的，可以从该项科技成果形成的股份或者出资比例中提取不低于百分之七十的比例；将职务科技成果自行实施或者与他人合作实施的，在实施转化成功投产后连续三至五年，每年从实施该项科技成果的营业利润中提取不低于百分之十的比例。高等学校、科学技术研究开发机构可以给予科技成果转化中介服务人员、管理人员和其他从事科技成果转化人员奖励和报酬，具体比例由双方约定。

利用财政性资金设立的高等学校、科学技术研究开发机构及其所属具有独立法人资格的单位正职领导被赋予职务科技成果所有权或者长期使用权的，可以通过转让、许可等方式实施转化，获得奖励和报酬，但不得作价投资入股；其他科学技术人员被赋予职务科技成果所有权或者长期使用权的，可以依法通过自主实施、转让、许可或者作价投资入股等方式实施转化。

（四）标准制定与技术交易

国家推动科学技术研究开发与产品、服务标准制定相结合，科学技术研究开发与产品设计、制造相结合；引导科学技术研究开发机构、高等学校、企业和社会组织共同推进国家重大技术创新产品、服务标准的研究、制定和依法采用，参与国际标准制定。

国家培育和发展统一开放、互联互通、竞争有序的技术市场，鼓励创办从事技术评估、技术经纪和创新创业服务等活动的中介服务机构，引导建立社会化、专业化、网络化、信息化和智能化的技术交易服务体系和创新创业服务体系，推动科技成果的应用和推广。

技术交易活动应当遵循自愿平等、互利有偿和诚实信用的原则。

三、企业科技创新

国家建立以企业为主体，以市场为导向，企业同科学技术研究开发机构、高等学校紧密合作的技术创新体系，引导和扶持企业技术创新活动，支持企业牵头国家科技攻关任务，吸纳企业专家参与科技咨询，发挥企业在技术创新中的主体作用，推动企业成为技术创新决策、科研投入、组织科研和成果转化的主体，促进各类创新要素向企业集聚，提高企业技术创新能力。

国家鼓励企业开展下列活动：设立内部科学技术研究开发机构；同其他企业或者科学技术研究开发机构、高等学校开展合作研究，联合建立科学技术研究开发机构和平台，设立科技企业孵化机构和创新创业平台，或者以委托等方式开展科学技术研究开发；培养、吸引和使用科学技术人员；同科学技术研究开发机构、高等学校、职业院校或者培训机构联合培养专业技术人才和高技能人才，吸引高等学校毕业生到企业工作；设立博士后工作站或者流动站；结合技术创新和职工技能培训，开展科学技术普及活动，设立向公众开放的普及科学技术的场馆或者设施。

（一）设立内部科学技术研究开发机构

国家鼓励企业加强原始创新，开展技术合作与交流，增加研究开发和技术创新的投入，自主确立研究开发课题，开展技术创新活动。支持企业建立重点（工程）实验室、工程（技术）研究中心、制造业创新中心、企业技术中心、院士工作站、博士后工作站、研究生工作站等企业科学技术研究开发机构。

（二）设立科技企业孵化机构和创新创业平台

国家鼓励企业独立或者同其他企业、科学技术研究开发机构、高等学校、社会组织等开展合作研究，联合建立科学技术研究开发机构和平台，设立科技企业孵化机构、众创空间、加速器等创新创业平台，或者以委托等方式开展科学技术研究开发。

国家对公共研究开发平台和科学技术中介、创新创业服务机构的建设和运营给予支持。公共研究开发平台和科学技术中介、创新创业服务机构应当为中小企业的技术创新提供服务。

（三）资金支持与税收优惠

国家培育具有影响力和竞争力的科技领军企业，充分发挥科技领军企业的创新带动作用。地方人民政府及其有关部门应当通过财政性资金资助、依法落实税收优惠政策等多种方式给予企业支持，鼓励、引导企业加大研究开发和技术创新投入。

企业开发新技术、新产品、新工艺发生的研究开发费用可以按照国家有关规定，税前列支并加计扣除，企业科学技术研究开发仪器、设备可以加速折旧。

下列企业按照国家有关规定享受税收优惠：

（1）从事高新技术产品研究开发、生产的企业；

（2）科技型中小企业；

（3）投资初创科技型企业的创业投资企业；

（4）法律、行政法规规定的与科学技术进步有关的其他企业。

（四）建立并完善科技金融服务体系

国家加强引导和政策扶持，多渠道拓宽创业投资资金来源，对企业的创业发展给予支持。

国家完善多层次资本市场，建立健全促进科技创新的科技金融服务体系，支持商业银行、担保机构、保险机构等创新金融产品，开展股权投资、债权融资、科技保险、知识产权质押等科技金融服务，支持商业银行在科技型企业聚集地区设立科技支行，推进科技金融专营机构建设，为科技型企业提供专业化金融服务。支持符合条件的科技型企业利用资本市场推动自身发展。

国家完善科技型企业上市融资制度，畅通科技型企业国内上市融资渠道，发挥资本市场服务科技创新的融资功能。支持符合条件的科技型企业通过发行股票、发行债券、并购重组、再融资等方式进行融资，对首次上市融资的企业给予奖励性补助。

（五）建立健全科技型企业培育体系

人民政府应当加大对高新技术企业、科技型中小企业等企业的扶持力度，建立健全重点突出和梯次完善的科技型企业培育体系，完善企业创新成长链，培育具有核心竞争力的科技领军企业，充分发挥科技领军企业的创新带动作用。

国务院有关部门和省级人民政府应当通过制定产业、财政、金融、能源、环境保护和应对气候变化等政策，引导、促使企业研究开发新技术、新产品、新工艺，进行技术改造和设备更新，淘汰技术落后的设备、工艺，停止生产技术落后的产品。

（六）创新研究开发投入制度、分配制度和激励制度

人民政府及其有关部门应当创造公平竞争的市场环境，推动企业技术进步。鼓励企业建立有利于技术创新的分配制度，对科学技术人员及有关管理人员实行高薪聘任、技术入股、股权奖励等激励机制。

国有企业应当建立健全有利于技术创新的研究开发投入制度、分配制度和考核评价制度，完善激励约束机制，按照规定实施股权和分红激励，提升科技创新能力，发挥示范引领作用。

高新技术企业应当按照国家有关规定，从销售收入中提取一定比例的资金，用于研究开发和技术创新。

国有高新技术制造业企业研究开发投入占营业收入比例、企业基础研究和应用研究投入占研究开发投入比例应当不低于同等高新企业平均水平。

国有企业负责人对企业的技术进步负责。对国有企业负责人的业绩考核，应当将企业的创新投入、创新能力建设、创新成效等情况纳入考核范围。支持国有企业设立专款专用的企业研发准备金，在经营业绩考核计算经济效益指标时，探索将超过行业平均水平或者较上年度新增的研发投入视同利润加回。

（七）自主品牌建设和知识产权保护

国家鼓励企业增加研究开发和技术创新投入，鼓励企业对引进技术进行消化、吸收和再创新。鼓励和支持企业参与制定国际标准、国家标准和行业标准，培育并保护自主品牌。

国家保护企业研究开发所取得的知识产权。企业应当不断提高知识产权质量和效益，增强自主创新能力和市场竞争能力。

（八）科学技术人才吸引、培养和使用

鼓励企业同科学技术研究开发机构、高等学校、职业院校或者培训机构联合培养专业技术人才和高技能人才，吸引高等学校毕业生到企业工作。

鼓励企业建立博士后工作站或者流动站，为国家培养高学历、高素质、高技能人才。

鼓励企业结合技术创新和职工技能培训，开展科学技术普及活动，建立向公众开放的普及科学技术的场馆或者设施。

企业应当健全职工继续教育制度。鼓励大中型企业通过实施新型学徒制和定期选评卓越工程师、技能大师等方式，提高职工整体素质和技术创新能力。企业发生的职工教育经费支出，不超出税法规定比例的部分，准予在税前扣除；超过部分，按照税法规定可以准予在以后纳税年度结转时扣除。

四、区域科技创新

国家统筹科学技术资源区域空间布局，推动中央科学技术资源与地方发展需求紧密衔接，优化创新区域布局，加强科技创新区域体系建设，采取多种方式支持区域科技创新。

各级人民政府应当根据各地区域定位和优势，建立面向区域发展的科技创新与发展机制，构建各具特色和优势互补的区域协同创新体系。鼓励地方探索具有区域特色的科技创新发展路径。

（一）科技环境保障与科技计划实施

县级以上地方人民政府应当支持科学技术研究和应用，为促进科技成果转化创造条件，为推动区域创新发展提供良好的创新环境。

县级以上人民政府及其有关部门制定的与产业发展相关的科学技术计划，应当体现产业发展的需求。

县级以上人民政府及其有关部门确定科学技术计划项目，应当鼓励企业平等竞争和参与实施；对符合产业发展需求、具有明确市场应用前景的项目，应当鼓励企业联合科学技术研究开发机构、高等学校共同实施。

地方重大科学技术计划实施应当与国家科学技术重大任务部署相衔接。

（二）科技园区建设

国务院可以根据需要批准建立国家高新技术产业开发区、国家自主创新示范区等科技园区，并对科技园区的建设、发展给予引导和扶持，使其形成特色和优势，发挥集聚和示范带动效应。

国家鼓励有条件的县级以上地方人民政府根据国家发展战略和地方发展需要，建设重大科技创新基地与平台，培育创新创业载体，打造区域科技创新高地。鼓励科教创新资源富集、产业优势明显的地方探索创建科技园区。

国家支持有条件的地方建设科技创新中心和综合性科学中心，发挥辐射带动、深化创新改革和参与全球科技合作作用。支持各类科技园区打造创新高地、人才高地、产业高地，建设成为高质量发展先行区和创新驱动发展示范区。

（三）创新协同机制建设

国家建立区域科技创新合作机制和协同互助机制，鼓励地方各级人民政府及其有关部门开展跨区域创新合作，促进各类创新要素合理流动和高效集聚。

国家重大战略区域可以依托区域创新平台，构建利益分享机制，促进人才、技术、资金等要素自由流动，推动科学仪器设备、科技基础设施、科学工程和科技信息资源等开放共享，提高科技成果区域转化效率。

国家鼓励地方积极探索区域科技创新模式，尊重区域科技创新集聚规律，因地制宜选择具有区域特色的科技创新发展路径。

拓展材料 2-3

《湖南省科学技术进步条例》第四十三条：

省人民政府应当全面支持建设长沙全球研发中心城市，将责任分解到有关部门和单位，并进行考核。

省人民政府有关部门应当会同长沙市制定财政、土地、人才、平台、机制、成果转化、创新环境等方面的支持政策，建立联合督查机制。

长沙市应当加大科技创新投入力度，按照开放包容、互惠共享的国际科学技术合作和交流规则，探索建立创新要素跨境自由有序流动机制，构建面向世界的高水平创新平台，高度集聚高等学校、科学技术研究开发机构、高新技术企业等研发主体，高度集聚高层次科技人才，合力攻克全球关键技术、核心技术难题，引领和带动全省科技创新。

《湖南省科学技术进步条例》第四十四条：

省人民政府支持长株潭国家自主创新示范区加快提升自主创新能力，推进科技体制机制改革。

长株潭国家自主创新示范区所在地县级以上人民政府以及国家高新技术产业开发区管理机构应当加大对科学技术进步的财政性资金投入力度，强化跨区域协同创新，促进形成优势互补、高效合作的区域创新发展格局。

鼓励长株潭地区的科学技术研究开发机构、企业与欠发达地区的科学技术研究开发机构、企业进行科技创新合作，相关人民政府应当在政策、资金、土地等方面给予支持。

拓展材料 2-4

《江西省科技创新促进条例》第四十四条：

省、有关设区的市人民政府应当促进和保障鄱阳湖国家自主创新示范区建设，支持示范区在科技人才、科技金融、科技成果、协同开放等领域先行先试，推进高新技术产业开发区等园区创新发展。

建设以南昌都市圈为核心的中部地区科技创新中心，集聚创新资源，构建支撑高质量发展现代化产业体系。

支持赣江新区引进高水平科学技术研究开发机构，培育创新创业载体，建立高层次人才培养基地，建设省级以上区域科技创新中心。

五、国际科学技术合作

国家促进开放包容、互惠共享的国际科学技术合作与交流，支撑构建人类命运共同体。

中华人民共和国政府发展同外国政府、国际组织之间的科学技术合作与交流。

国家鼓励科学技术研究开发机构、高等学校、科学技术社会团体、企业和科学技术人员等各类创新主体开展国际科学技术合作与交流，积极参与科学研究活动，促进国际科学技术资源开放流动，形成高水平的科技开放合作格局，推动世界科学技术进步。

国家鼓励企业事业单位、社会组织通过多种途径建设国际科技创新合作平台，提供国际科技创新合作服务。

鼓励企业事业单位、社会组织和科学技术人员参与和发起国际科学技术组织，增进国际科学技术合作与交流。

国家采取多种方式支持国内外优秀科学技术人才合作研发，应对人类面临的共同挑战，探索科学前沿。

国家支持科学技术研究开发机构、高等学校、企业和科学技术人员积极参与和发起组织实施国际大科学计划和大科学工程。

国家完善国际科学技术研究合作中的知识产权保护与科技伦理、安全审查机制。

国家扩大科学技术计划对外开放合作，鼓励在华外资企业、外籍科学技术人员等承担和参与科学技术计划项目，完善境外科学技术人员参与国家科学技术计划项目的机制。

国家完善相关社会服务和保障措施，鼓励在国外工作的科学技术人员回国，吸引外籍科学技术人员到中国从事科学技术研究开发工作。

科学技术研究开发机构及其他科学技术组织可以根据发展需要，聘用境外科学技术人员。利用财政性资金设立的科学技术研究开发机构、高等学校聘用境外科学技术人员从事科学技术研究开发工作的，应当为其工作和生活提供方便。

外籍杰出科学技术人员到中国从事科学技术研究开发工作的，按照国家有关规定，可以优先获得在华永久居留权或者取得中国国籍。

六、农业科技创新

国家鼓励和支持农业科学技术的基础研究和应用研究，传播和普及农业科学技术知识，加强农业科技创新体系、农业技术推广体系和农村信息化服务体系建设，加快农业科技成果转化和产业化，促进农业科学技术进步，利用农业科学技术引领乡村振兴和农业农村现代化。

（一）农业科技创新体系

地方各级人民政府应当加强农业科学技术研究开发平台建设，建立健全农科教紧密结合、协调发展的运行机制，制定并实施农业职业教育政策措施，培育农业科学技术创业型、技能型人才和高素质农村劳动者。

地方各级人民政府应当采取措施，支持公益性农业科学技术研究开发机构和农业技术推广机构进行农业新品种、新技术的研究开发、应用和推广。

地方各级人民政府应当制定和实施农业重大科技创新计划和重大技术推广计划，建立现代农业产业技术体系，加快培育现代种业、农业特色产业和主导产品，支持农业自主创新、关键共性技术攻关以及农业技术成果转化，利用农业科学技术引领乡村振兴和农业农村现代化。

县级以上人民政府应当推进种源等农业关键核心技术攻关，支持农业技术研究开发机构和农业技术推广机构进行农业新品种、新技术的研究开发、应用和推广，开展农机装备、生物技术、丰产栽培、农业节水、疫病防控、防灾减灾等技术的创新活动。

（二）农业技术推广体系

各级人民政府应当保障农业技术推广机构开展农业技术推广工作的必要条件。

县级以上人民政府应当建立和完善农业技术推广机构与农业技术研究开发机构、学校、群众性科学技术组织、农民技术人员相结合的农业技术推广体系，推行科技特派员制度，为农业科技创新创业、农业技术推广提供指导和服务，为农民提供科学技术培训和指导。

县级以上人民政府农业农村、科学技术行政部门应当指导农业技术推广机构、农业技术研究开发机构有计划地建设农业技术成果推广基地，推广先进适用的农业技术成果。

鼓励建立多元化的农业科学技术社会化服务体系。

（三）农业信息化服务体系

地方各级人民政府应当加强数字乡村建设，促进智慧农业发展，拓展农业农村大数据应用场景，为推进农业科学技术进步提供服务。

地方各级人民政府应当鼓励和引导农业科学技术服务机构、科技特派员和农村群众性科学技术组织为种植业、林业、畜牧业、渔业等的发展提供科学技术服务，为农民提供科学技术培训和指导。

拓展材料 2–5

《湖南省科学技术进步条例》第十九条：

加强农业科技创新体系建设，围绕现代农业生物技术、绿色智慧高效农业生产技术、农业机械、农产品质量安全与生命健康等重点方向开展农业关键核心技术攻关，加强农业种质资源保护和利用，促进种业科技创新，加强农业科技园（区）、特色农业科技示范基地和育种基地建设，加快农业科技成果转化和产业化。

县级以上人民政府应当制定和实施重大农业科学技术创新和推广计划，加强农业科学技术研究开发平台建设，完善现代农业产业技术体系，建立健全农科教紧密结合、协调发展的机制。

鼓励企业、高等学校、农业科学技术研究开发机构、农业技术推广机构和农业科技人员进行农业新品种、新技术的研究开发、应用和推广，提供科学技术服务，依靠科学技术进步与创新推进农业现代化和乡村振兴。

拓展材料 2–6

《安徽省科学技术进步条例》第二十八条：

县级人民政府应当加强农业科学技术示范乡（镇）、示范村、示范户建设。

县级以上人民政府应当加强农业科学技术园（区）的建设。鼓励具备条件的组织和个人建立农业科学技术园（区）、示范基地，县级以上人民政府及有关部门应当在技术、资金、生产资料等方面给予扶持。

各级人民政府应当加强对农村专业技术协会和农民专业合作经济组织的指导和服务，在技术和资金等方面给予支持。

支持科学技术研究开发机构、高等学校与农民专业合作经济组织、农业企业以及农户开展多种形式的技术合作；通过科技小院人才培养模式等，推动专业人才服务农业农村。

第四节　科技进步的保障与监督制度

科学技术进步工作应当面向世界科技前沿、面向经济主战场、面向国家重大需求、面向人民生命健康，为促进经济社会发展、维护国家安全和推动人类可持续发展服务。

国家鼓励科学技术研究开发，推动应用科学技术改造提升传统产业、发展高新技术产业和社会事业，支撑实现碳达峰碳中和目标，催生新发展动能，实现高质量发展。

一、科技进步的保障措施

国家加大财政性资金投入，并制定产业、金融、税收、政府采购等政策，鼓励、引导高等学校、科学技术研究开发机构、企业、社会组织等多层次、多元化增加科学技术研究投入，推动全社会科学技术研究开发经费持续稳定增长。

（一）科研经费保障

国家和地方各级人民政府逐步提高科学技术经费投入的总体水平；国家和地方各级财政用于科学技术经费的增长幅度，应当高于国家和地方各级财政经常性收入的增长幅度。全社会科学技术研究开发经费应当占国内生产总值适当的比例，并逐步提高。

财政性科学技术资金应当主要用于下列事项的投入：

（1）科学技术基础条件与设施建设；

（2）基础研究和前沿交叉学科研究；

（3）对经济建设和社会发展具有战略性、基础性、前瞻性作用的前沿技术研究、社会公益性技术研究和重大共性关键技术研究；

（4）重大共性关键技术应用和高新技术产业化示范；

（5）关系生态环境和人民生命健康的科学技术研究开发和成

果的应用、推广；

（6）农业新品种、新技术的研究开发和农业科技成果的应用、推广；

（7）科学技术人员的培养、吸引和使用；

（8）科学技术普及。

对利用财政性资金设立的科学技术研究开发机构，国家在经费、实验手段等方面给予支持。

（二）科技发展基金

国家设立基金，资助中小企业开展技术创新，推动科技成果转化与应用。

国家在必要时可以设立支持基础研究、社会公益性技术研究、国际联合研究等方面的其他非营利性基金，资助科学技术进步活动。

国家鼓励国内外的组织或者个人捐赠财产、设立科学技术基金，资助科学技术研究开发和科学技术普及。

（三）税收及其他优惠

从事下列活动的，按照国家有关规定享受税收优惠：

（1）技术开发、技术转让、技术许可、技术咨询、技术服务；

（2）进口国内不能生产或者性能不能满足需要的科学研究、技术开发或者科学技术普及的用品；

（3）为实施国家重大科学技术专项、国家科学技术计划重大项目，进口国内不能生产的关键设备、原材料或者零部件；

（4）科学技术普及场馆、基地等开展面向公众开放的科学技术普及活动；

（5）捐赠资助开展科学技术活动；

（6）法律、国家有关规定规定的其他科学研究、技术开发与科学技术应用活动。

下列创新主体或者活动，可以按照法律、行政法规、国家有关规定享受相关税收优惠：

（1）从事高新技术产品研发、生产的企业；

（2）科技型中小企业；

（3）投资初创科技型企业的创业投资企业。

（四）科学技术规划与科学技术计划

设立国家科学技术计划，应当按照国家需求，聚焦国家重大战略任务，遵循科学研究、技术创新和成果转化规律。

国家建立科学技术计划协调机制和绩效评估制度，加强专业化管理。

（五）政府采购与订购

对境内自然人、法人和非法人组织的科技创新产品、服务，在功能、质量等指标能够满足政府采购需求的条件下，政府采购应当购买；首次投放市场的，政府采购应当率先购买，不得以商业业绩为由予以限制。

政府采购的产品尚待研究开发的，通过订购方式实施。采购人应当优先采用竞争性方式确定科学技术研究开发机构、高等学校或者企业进行研究开发，产品研发合格后按约定采购。

（六）科学技术基地建设

国家遵循统筹规划、优化配置的原则，整合和设置国家科学技术研究实验基地。

人民政府应当将重大科技基础设施、重大科技工程等建设纳入国土空间规划和公共投资计划，统筹资金用于重点实验室、工程研究中心、中间试验基地等科研基地基础设施的建设、改造和维护。按照国土空间规划要求，优先保障重大科技基础设施、重大科技工程的建设合理用地。

国家鼓励设置综合性科学技术实验服务单位，为科学技术研究开发机构、高等学校、企业和科学技术人员提供或者委托他人提供科学技术实验服务。

（七）科学仪器与设施

国家根据科学技术进步的需要，按照统筹规划、突出共享、优化配置、综合集成、政府主导、多方共建的原则，统筹购置大型科学仪器、设备，并开展对以财政性资金为主购置的大型科学仪器、设备的联合评议工作。

人民政府应当建立利用财政性资金购置的大型科学仪器、设施共享制度，建立大型科学仪器、设施共享服务平台，将利用财政资金购买、建设的大型科学仪器、设施纳入科学仪器、设施共享平台。利用财政性资金购置大型科学仪器、设施的单位，应当按照有关规定履行共享使用义务，建立大型仪器、设施开放、运行、维护、使用的管理制度，并接受有关部门的考核评估和社会监督。

科学技术行政部门应当会同有关部门建立大型科学仪器、设施共享考核评价制度，组织实施考核评价工作，公布考核评价结果。对共享成效显著的管理单位，给予资金、政策等方面支持。

拓展材料 2-7

《安徽省科学技术进步条例》第四十四条：

加强与长三角区域其他省市大型科学仪器、设施共享，共同建立共享协同机制，在购置建设评议、服务规则制定、服务信息互通、开放共享评价等方面加强协作，实现科技优势互补和资源高效利用。

《安徽省科学技术进步条例》第四十五条：

根据长三角一体化发展的需要和国家有关部署，推动建设和完善长三角大型科学仪器、设施的共享服务平台。

省共享服务平台应当与长三角大型科学仪器、设施的共享服务平台互联互通，为长三角区域其他省市提供大型科学仪器、设施跨区域共享服务。

《安徽省科学技术进步条例》第四十六条：

以重大科研基础设施共建共享为依托，与长三角区域其他省市联合实施国家重大科研项目，共同开展核心技术攻关，提升重大创新策源能力。

《安徽省科学技术进步条例》第四十七条：

支持与长三角区域其他省市建立科技创新券通用机制，发挥科技创新券在长三角区域内大型科学仪器、设施共享中的促进、引导作用。

前款所称科技创新券，是指政府向企业免费发放，用于支持其向科技服务机构等购买服务的权益凭证。

《安徽省科学技术进步条例》第四十八条：

将管理单位为长三角区域其他省市用户提供大型科学仪器、设施共享服务的情况，纳入大型科学仪器、设施开放共享评价考核范围。

（八）科技资源开放共享

人民政府科学技术主管部门应当建立健全科技资源开放共享机制，制定科技资源开放共享目录，并定期更新。列入目录的科技资源，其管理单位应当向社会提供开放共享服务。

鼓励社会力量设立的科学技术研究开发机构，在合理范围内实行科技资源开放共享。

人民政府科学技术主管部门应当会同有关部门，建立全省科技资源信息系统，及时向社会公布科技资源的分布、使用情况。

科技资源的管理单位应当向社会公布所管理的科技资源的共享使用制度和使用情况，并根据使用制度提供服务。但是，法律、行政法规规定应当保密的，依照其规定。

国家加强学术期刊建设，完善科研论文和科学技术信息交流机制，推动开放科学的发展，促进科学技术交流和传播。

（九）金融支持与服务

国家鼓励金融机构开展知识产权质押融资业务，鼓励和引导金融机构在信贷、投资等方面支持科学技术应用和高新技术产业发展，鼓励保险机构根据高新技术产业发展的需要开发保险品种，促进新技术应用。

鼓励、推动符合条件的科技型企业利用资本市场融资，支持企业上市、发行债券。

（十）勤勉免责

科学技术人员承担探索性强、风险高的财政性资金资助的科技研究开发项目，有证据能够证明已经履行了勤勉尽责义务仍不能完成该项目的，予以免责。

利用财政性资金设立的科学技术研究开发机构、高等学校和企业，在推进科技管理改革、开展科学技术研究开发、实施科技成果转化活动过程中，相关负责人锐意创新探索，出现决策失误、偏差，但尽到合理注意义务和监督管理职责，未谋取非法利益的，免除其决策责任。

二、科技进步的监督管理

科技进步的监督管理措施主要包括科研经费管理、诚信制度建设、规范咨询和决策机制、项目分类管理、科技信息管理、知识产权保护、科技伦理遵从、科技调查、报告和保密制度等。

（一）科研经费管理

国家加强财政性科学技术资金绩效管理，提高资金配置效率和使用效益。财政性科学技术资金的管理和使用情况，应当接受审计机关、财政部门的监督检查。

科学技术行政等有关部门应当加强对利用财政性资金设立的科学技术计划实施情况的监督，强化科研项目资金协调、评估、监管。

任何组织和个人不得虚报、冒领、贪污、挪用、截留财政性科学技术资金。

科研项目管理部门和承担单位应当优化科研经费管理，按照规定下放预算调剂权，赋予科研人员更大的科研经费使用权。对于利用财政性资金设立的科研项目，科研人员在不降低研究目标的前提下可以自主选择，调整科研方案和技术路线。

（二）诚信制度建设

国家加强科技法治化建设和科研作风学风建设，建立和完善科研诚信制度和科技监督体系，健全科技伦理治理体制，营造良好科技创新环境。

国家加强科研诚信信息管理，开展科研诚信等级评价，建立科学技术项目诚信档案及科研诚信管理信息系统，坚持预防与惩治并举、自律与监督并重，完善对失信行为的预防、调查、处理机制。

人民政府和相关行业主管部门采取各种措施加强科研诚信建设，企业事业单位和社会组织应当履行科研诚信管理的主体责任。

任何组织和个人不得虚构、伪造科研成果，不得发布、传播虚假科研成果，不得从事学术论文及其实验研究数据、科学技术计划项目申报验收材料等的买卖、代写、代投服务。

从事科学技术活动，应当遵守科学技术活动管理规范。对严重违反科学技术活动管理规范的组织和个人，由科学技术行政等有关部门记入科研诚信严重失信行为数据库。

（三）规范咨询和决策机制

国家完善科学技术决策的规则和程序，建立规范的咨询和决策机制，推进决策的科学化、民主化和法治化。

国家改革完善重大科学技术决策咨询制度。制定科学技术发展规划和重大政策，确定科学技术重大项目、与科学技术密切相关的重大项目，应当充分听取科学技术人员的意见，发挥智库作用，扩大公众参与，开展科学评估，实行科学决策。

（四）项目分类管理和科技信息管理

国家建立科学技术计划项目分类管理机制，强化对项目实效的考核评价。利用财政性资金设立的科学技术计划项目，应当坚持问题导向、目标导向、需求导向进行立项，按照国家有关规定择优确定项目承担者。

国家建立科技管理信息系统，建立评审专家库，健全科学技术计划项目的专家评审制度和评审专家的遴选、回避、保密、问责制度。

国务院科学技术行政部门应当会同国务院有关主管部门，建立科学技术研究基地、科学仪器设备等资产和科学技术文献、科学技术数据、科学技术自然资源、科学技术普及资源等科学技术资源的信息系统和资源库，及时向社会公布科学技术资源的分布、使用情况。

科学技术资源的管理单位应当向社会公布所管理的科学技术资源的共享使用制度和使用情况，并根据使用制度安排使用；法律、行政法规规定应当保密的，依照其规定。

（五）知识产权保护

国家制定和实施知识产权战略，建立和完善知识产权制度，营造尊重知识产权的社会环境，保护知识产权，激励自主创新。

企业事业单位、社会组织和科学技术人员应当增强知识产权意识，增强自主创新能力，提高创造、运用、保护、管理和服务知识产权的能力，提高知识产权质量。

科学技术资源的管理单位不得侵犯科学技术资源使用者的知识产权，并应当按照国家有关规定确定收费标准。管理单位和使用者之间的其他权利义务关系由双方约定。

（六）科技伦理遵从

国家建立科技伦理委员会，完善科技伦理制度规范，加强科技伦理教育和研究，健全审查、评估、监管体系。

科学技术研究开发机构、高等学校、企业事业单位等应当履行科技伦理管理主体责任，按照国家有关规定建立健全科技伦理审查机制，对科学技术活动开展科技伦理审查。

（七）科技调查、报告和保密

国家建立健全科学技术统计调查制度和国家创新调查制度，强化协调机制，形成统计合力，掌握国家科学技术活动基本情况，完善统计指标和统计方法，对科技创新活动的能力、水平和绩效等进行统计监测和分析评估，定期向社会公布科技创新主要统计指标。

国家建立健全科技报告制度，财政性资金资助的科学技术计划项目的承担者应当按照规定及时提交报告。

国家实行科学技术保密制度，加强科学技术保密能力建设，保护涉及国家安全和利益的科学技术秘密。

（八）其他

国家依法实行重要的生物种质资源、遗传资源、数据资源等科学技术资源和关键核心技术出境管理制度。

禁止危害国家安全、损害社会公共利益、危害人体健康、违背科研诚信和科技伦理的科学技术研究开发和应用活动。

三、国家自然科学基金管理

国家设立国家自然科学基金，用于促进和资助基础研究，培养科学技术人才，增强自主创新能力。

（一）基金来源

国家自然科学基金主要来源于中央财政拨款。国家鼓励自然人、法人或者其他组织向国家自然科学基金捐资。

中央财政将国家自然科学基金的经费列入预算。

（二）基金资助的基本原则和机制

国家自然科学基金资助工作遵循公开、公平、公正的原则，实行尊重科学、发扬民主、提倡竞争、促进合作、激励创新、引领未来的方针。

确定国家自然科学基金资助项目，应当充分发挥专家的作用，采取宏观引导、自主申请、平等竞争、同行评审、择优支持的机制。

（三）基金管理机构

国务院自然科学基金管理机构负责管理国家自然科学基金，监督基金资助项目的实施。

国务院科学技术主管部门对国家自然科学基金工作依法进行宏观管理、统筹协调。国务院财政部门依法对国家自然科学基金的预算、财务进行管理和监督。审计机关依法对国家自然科学基金的使用与管理进行监督。

（四）基金发展规划和项目指南

基金管理机构应当根据国民经济和社会发展规划、科学技术发展规划以及科学技术发展状况，制定基金发展规划和年度基金项目指南。基金发展规划应当明确优先发展的领域，年度基金项目指南应当规定优先支持的项目范围。国家自然科学基金应当设立专项资金，用于培养青年科学技术人才。

基金管理机构制定基金发展规划和年度基金项目指南，应当广泛听取高等学校、科学研究机构、学术团体和有关国家机关、企业的意见，组织有关专家进行科学论证。年度基金项目指南应当在受理基金资助项目申请起始之日 30 日前公布。

（五）基金依托单位

中华人民共和国境内的高等学校、科学研究机构和其他具有独立法人资格、开展基础研究的公益性机构，可以在基金管理机构注册为依托单位。

基金管理机构应当公布注册的依托单位名称。

依托单位在基金资助管理工作中履行下列职责：

（1）组织申请人申请国家自然科学基金资助；

（2）审核申请人或者项目负责人所提交材料的真实性；

（3）提供基金资助项目实施的条件，保障项目负责人和参与者实施基金资助项目的时间；

（4）跟踪基金资助项目的实施，监督基金资助经费的使用；

（5）配合基金管理机构对基金资助项目的实施进行监督、检查。

基金管理机构对依托单位的基金资助管理工作进行指导、监督。

（六）基金的申请条件

依托单位的科学技术人员具备下列条件的，可以申请国家自然科学基金资助：

（1）具有承担基础研究课题或者其他从事基础研究的经历；

（2）具有高级专业技术职务（职称）或者具有博士学位，或者有2名与其研究领域相同、具有高级专业技术职务（职称）的科学技术人员推荐。

从事基础研究的科学技术人员具备上述规定的条件、无工作单位或者所在单位不是依托单位的，经与在基金管理机构注册的依托单位协商，并取得该依托单位的同意，可以依照规定申请国家自然科学基金资助。依托单位应当将其视为本单位科学技术人员，依照规定实施有效管理。

申请人应当是申请基金资助项目的负责人。

（七）基金的申请

申请人申请国家自然科学基金资助，应当以年度基金项目指南为基础确定研究项目，在规定期限内通过依托单位向基金管理机构提出书面申请。

申请人申请国家自然科学基金资助，应当提交证明申请人符合规定条件的材料；年度基金项目指南对申请人有特殊要求的，申请人还应当提交符合该要求的证明材料。

申请人申请基金资助的项目研究内容已获得其他资助的，应当在申请材料中说明资助情况。申请人应当对所提交申请材料的真实性负责。

（八）基金申请的初审和受理

基金管理机构应当自基金资助项目申请截止之日起 45 日内，完成对申请材料的初步审查。符合规定的，予以受理，并公布申请人基本情况和依托单位名称、申请基金资助项目名称。有下列情形之一的，不予受理，通过依托单位书面通知申请人，并说明理由：

（1）申请人不符合本条例规定条件的；

（2）申请材料不符合年度基金项目指南要求的；

（3）申请人申请基金资助项目超过基金管理机构规定的数量的。

（九）评审专家选聘

基金管理机构应当聘请具有较高的学术水平、良好的职业道德的同行专家，对基金资助项目申请进行评审。聘请评审专家的具体办法由基金管理机构制定。

基金管理机构对已受理的基金资助项目申请，应当先从同行专家库中随机选择 3 名以上专家进行通信评审，再组织专家进行会议评审；对因国家经济、社会发展特殊需要或者其他特殊情况临时提出的基金资助项目申请，可以只进行通信评审或者会议评审。

评审专家对基金管理机构安排其评审的基金资助项目申请认为难以作出学术判断或者没有精力评审的，应当及时告知基金管理机构；基金管理机构应当依照本条例规定，选择其他评审专家进行评审。

（十）基金申请的评审

评审专家对基金资助项目申请应当从科学价值、创新性、社会影响以及研究方案的可行性等方面进行独立判断和评价，提出评审意见。

评审专家对基金资助项目申请提出评审意见，还应当考虑申请人和参与者的研究经历、基金资助经费使用计划的合理性、研究内容获得其他资助的情况、申请人实施基金资助项目的情况以及继续予以资助的必要性。

会议评审提出的评审意见应当通过投票表决。

对通信评审中多数评审专家认为不应当予以资助，但创新性强的基金资助项目申请，经 2 名参加会议评审的评审专家署名推荐，可以进行会议评审。但是，因国家经济、社会发展特殊需要或者特殊情况临时提出的基金资助项目申请除外。

基金管理机构应当公布评审专家的推荐意见。

（十一）决定予以资助的通知

基金管理机构根据条例的规定和专家提出的评审意见，决定予以资助的研究项目。基金管理机构不得以与评审专家有不同的学术观点为由否定专家的评审意见。

基金管理机构决定予以资助的，应当及时书面通知申请人和依托单位，并公布申请人基本情况以及依托单位名称、申请基金资助项目名称、拟资助的经费数额等；决定不予资助的，应当及时书面通知申请人和依托单位，并说明理由。

基金管理机构应当整理专家评审意见，并向申请人提供。

（十二）不予资助的复审

申请人对基金管理机构作出的不予受理或者不予资助的决定不服的，可以自收到通知之日起 15 日内，向基金管理机构提出书面复审请求。对评审专家的学术判断有不同意见，不得作为提出复审请求的理由。

基金管理机构对申请人提出的复审请求，应当自收到之日起 60 日内完成审查。认为原决定符合条例规定的，予以维持，并书面通知申请人；认为原决定不符合条例规定的，撤销原决定，重新对申请人的基金资助项目申请组织评审专家进行评审、作出决定，并书面通知申请人和依托单位。

（十三）回避

在基金资助项目评审工作中，基金管理机构工作人员、评审专家有下列情形之一的，应当申请回避：

（1）基金管理机构工作人员、评审专家是申请人、参与者近亲属，或者与其有其他关系、可能影响公正评审的；

（2）评审专家自己申请的基金资助项目与申请人申请的基金资助项目相同或者相近的；

（3）评审专家与申请人、参与者属于同一法人单位的。

基金管理机构根据申请，经审查作出是否回避的决定；也可以不经申请直接作出回避决定。

基金资助项目申请人可以向基金管理机构提供 3 名以内不适宜评审其申请的评审专家名单，基金管理机构在选择评审专家时应当根据实际情况予以考虑。

基金管理机构工作人员不得申请或者参与申请国家自然科学基金资助，不得干预评审专家的评审工作。

基金管理机构工作人员和评审专家不得披露未公开的评审专家的基本情况、评审意见、评审结果等与评审有关的信息。

（十四）项目计划书

依托单位和项目负责人自收到基金管理机构基金资助通知之日起 20 日内，按照评审专家的评审意见、基金管理机构确定的基金资助额度填写项目计划书，报基金管理机构核准。

依托单位和项目负责人填写项目计划书，除根据评审专家的评审意见和基金管理机构确定的基金资助额度对已提交的申请书内容进行调整外，不得对其他内容进行变更。

（十五）经费拨款和使用

基金管理机构对本年度予以资助的研究项目，应当按照《中华人民共和国预算法》和国家有关规定，及时向国务院财政部门申请基金资助项目的预算拨款。但是，因特殊需要或者特殊情况临时提出的基金资助项目除外。

依托单位自收到基金资助经费之日起 7 日内，通知基金管理机构和项目负责人。

项目负责人应当按照项目计划书的要求使用基金资助经费，依托单位应当对项目负责人使用基金资助经费的情况进行监督。项目负责人、依托单位不得以任何方式侵占、挪用基金资助经费。基金资助经费使用与管理的具体办法由国务院财政部门会同基金管理机构制定。

（十六）项目进展报告和管理报告

项目负责人应当按照项目计划书组织开展研究工作，作好基金资助项目实施情况的原始记录，通过依托单位向基金管理机构提交项目年度进展报告。

依托单位应当审核项目年度进展报告，查看基金资助项目实施情况的原始记录，并向基金管理机构提交年度基金资助项目管理报告。

基金管理机构应当对项目年度进展报告和年度基金资助项目管理报告进行审查。

（十七）项目调整和变更

基金资助项目实施中，依托单位不得擅自变更项目负责人。

项目负责人有下列情形之一的，依托单位应当及时提出变更项目负责人或者终止基金资助项目实施的申请，报基金管理机构批准；基金管理机构也可以直接作出终止基金资助项目实施的决定：

（1）不再是依托单位科学技术人员的；

（2）不能继续开展研究工作的；

（3）有剽窃他人科学研究成果或者在科学研究中有弄虚作假等行为的。

项目负责人调入另一依托单位工作的，经所在依托单位与原依托单位协商一致，由原依托单位提出变更依托单位的申请，报基金管理机构批准。协商不一致的，基金管理机构作出终止该项目负责人所负责的基金资助项目实施的决定。

基金资助项目实施中，研究内容或者研究计划需要作出重大调整的，项目负责人应当及时提出申请，经依托单位审核报基金管理机构批准。

（十八）项目结题报告和研究成果报告

自基金资助项目资助期满之日起60日内，项目负责人应当通过依托单位向基金管理机构提交结题报告；基金资助项目取得研究成果的，应当同时提交研究成果报告。

依托单位应当对结题报告进行审核，建立基金资助项目档案。依托单位审核结题报告，应当查看基金资助项目实施情况的原始记录。

基金管理机构应当及时审查结题报告。对不符合结题要求的，应当提出处理意见，并书面通知依托单位和项目负责人。

基金管理机构应当将结题报告、研究成果报告和基金资助项目申请摘要予以公布，并收集公众评论意见。

发表基金资助项目取得的研究成果，应当注明得到国家自然科学基金资助。

（十九）基金监督和管理

1. 项目实施监管

基金管理机构应当对基金资助项目实施情况、依托单位履行职责情况进行抽查，抽查时应当查看基金资助项目实施情况的原始记录。抽查结果应当予以记录并公布，公众可以查阅。

基金管理机构应当建立项目负责人和依托单位的信誉档案。

2. 专家履职监管

基金管理机构应当定期对评审专家履行评审职责情况进行评估；根据评估结果，建立评审专家信誉档案；对有剽窃他人科学研究成果或者在科学研究中有弄虚作假等行为的评审专家，不再聘请。

3. 经费使用监管

基金管理机构应当在每个会计年度结束时，公布本年度基金资助的项目、基金资助经费的拨付情况以及对违反本条例规定行为的处罚情况等。

基金管理机构应当定期对基金资助工作进行评估，公布评估报告，并将评估报告作为制定基金发展规划和年度基金项目指南的依据。

4. 意见反馈和检举、控告

评审专家对申请人的基金资助项目申请提出评审意见后，申请人可以就评审专家的评审工作向基金管理机构提出意见；基金管理机构在对评审专家履行评审职责进行评估时应当参考申请人的意见。

任何单位或者个人发现基金管理机构及其工作人员、评审专家、依托单位及其负责基金资助项目管理工作的人员、申请人或者项目负责人、参与者有违反条例规定行为的，可以检举或者控告。

基金管理机构应当公布联系电话、通信地址和电子邮件地址。

5. 保密

基金管理机构依照规定对外公开有关信息，应当遵守国家有关保密规定。

（二十）法律责任

1. 申请人、参与者

申请人、参与者伪造或者变造申请材料的，由基金管理机构给予警告；其申请项目已决定资助的，撤销原资助决定，追回已拨付的基金资助经费；情节严重的，自撤销日起 3 至 5 年不得申请或者参与申请国家自然科学基金资助，不得晋升专业技术职务（职称）。

2. 项目负责人、参与者

项目负责人、参与者违反规定，有下列行为之一的，由基金管理机构给予警告，暂缓拨付基金资助经费，并责令限期改正；逾期不改正的，撤销原资助决定，追回已拨付的基金资助经费；情节严重的，自撤销日起 5 至 7 年不得申请或者参与申请国家自然科学基金资助：

（1）不按照项目计划书开展研究的；

（2）擅自变更研究内容或者研究计划的；

（3）不依照条例规定提交项目年度进展报告、结题报告或者研究成果报告的；

（4）提交弄虚作假的报告、原始记录或者相关材料的；

（5）侵占、挪用基金资助经费的。

项目负责人、参与者有上述第（4）项、第（5）项所列行为，情节严重的，5至7年不得晋升专业技术职务（职称）。

3. 依托单位

依托单位有下列情形之一的，由基金管理机构给予警告，责令限期改正；情节严重的，通报批评，3至5年不得作为依托单位：

（1）不履行保障基金资助项目研究条件的职责的；

（2）不对申请人或者项目负责人提交的材料或者报告的真实性进行审查的；

（3）不依照条例规定提交项目年度进展报告、年度基金资助项目管理报告、结题报告和研究成果报告的；

（4）纵容、包庇申请人、项目负责人弄虚作假的；

（5）擅自变更项目负责人的；

（6）不配合基金管理机构监督、检查基金资助项目实施的；

（7）截留、挪用基金资助经费的。

4. 评审专家

评审专家有下列行为之一的，由基金管理机构给予警告，责令限期改正；情节严重的，通报批评，基金管理机构不得再聘请其为评审专家：

（1）不履行基金管理机构规定的评审职责的；

（2）未依照条例规定申请回避的；

（3）披露未公开的与评审有关的信息的；

（4）对基金资助项目申请不公正评审的；

（5）利用工作便利谋取不正当利益的。

5. 基金管理机构工作人员

基金管理机构工作人员有下列行为之一的，依法给予处分：

（1）未依照条例规定申请回避的；

（2）披露未公开的与评审有关的信息的；

（3）干预评审专家评审工作的；

（4）利用工作便利谋取不正当利益的。

6. 刑事责任

有下列行为之一，构成犯罪的，依法追究刑事责任：

（1）侵吞、挪用基金资助经费的；

（2）基金管理机构工作人员、评审专家履行本条例规定的职责，索取或者非法收受他人财物或者谋取其他不正当利益的；

（3）申请人或者项目负责人、参与者伪造、变造国家机关公文、证件或者伪造、变造印章的；

（4）申请人或者项目负责人、参与者、依托单位及其负责基金资助项目管理工作的人员为谋取不正当利益，给基金管理机构工作人员、评审专家以财物的；

（5）泄露国家秘密的。

申请人或者项目负责人、参与者因上述行为受到刑事处罚的，终身不得申请或者参与申请国家自然科学基金资助。

第五节　科学技术普及

国家发展科学技术普及事业，普及科学技术知识，实施科教兴国战略和可持续发展战略，加强科学技术普及基础设施和能力建设，提高全体公民特别是青少年的科学文化素质。

科学技术普及是全社会的共同责任，是社会主义物质文明和精神文明建设的重要内容。发展科普事业是国家的长期任务，是推动经济发展和社会进步的重要举措。

国家建立健全科学技术普及激励机制，国家机关、武装力量、社会团体、企业事业单位、农村基层组织及其他组织应当采取公众易于理解、接受、参与的方式开展科普工作，普及科学技术知识、倡导科学方法、传播科学思想、弘扬科学精神。

中华人民共和国公民有参与科普活动的权利，国家鼓励科学技术研究开发机构、高等学校、企业事业单位、社会组织、科学技术人员等积极参与和支持科学技术普及活动。

一、科普工作的基本原则

国家保护科普组织和科普工作者的合法权益，鼓励科普组织和科普工作者自主开展科普活动，依法兴办科普事业。

国家支持社会力量兴办科普事业。社会力量兴办科普事业可以按照市场机制运行。

科普工作应当坚持群众性、社会性和经常性，结合实际，因地制宜，采取多种形式。

科普工作应当坚持科学精神，反对和抵制伪科学。任何单位和个人不得以科普为名从事有损社会公共利益的活动。

国家扶持少数民族地区、边远贫困地区的科普工作，支持和促进科普工作对外合作与交流。

二、科普工作的组织管理

各级人民政府领导科普工作，应将科普工作纳入国民经济和社会发展计划，为开展科普工作创造良好的环境和条件。县级以上人民政府应当建立科普工作协调制度。

国务院科学技术行政部门负责制定全国科普工作规划，实行政策引导，进行督促检查，推动科普工作发展。国务院其他行政部门按照各自的职责范围，负责有关的科普工作。县级以上地方人民政府科学技术行政部门及其他行政部门在同级人民政府领导下按照各自的职责范围，负责本地区有关的科普工作。

科学技术协会是科普工作的主要社会力量。科学技术协会组织开展群众性、社会性、经常性的科普活动，支持有关社会组织和企业事业单位开展科普活动，协助政府制定科普工作规划，为政府科普工作决策提供建议。

三、科普的社会责任

科普是全社会的共同任务。社会各界都应当组织参加各类科普活动。

各类学校及其他教育机构，应当把科普作为素质教育的重要内容，组织学生开展多种形式的科普活动。科技馆（站）、科技活动中心和其他科普教育基地，应当组织开展青少年校外科普教育活动。

科学研究和技术开发机构、高等院校、自然科学和社会科学类社会团体，应当组织和支持科学技术工作者和教师开展科普活动，鼓励其结合本职工作进行科普宣传；有条件的，应当向公众开放实验室、陈列室和其他场地、设施，举办讲座和提供咨询。科学技术工作者和教师应当发挥自身优势和专长，积极参与和支持科普活动。

新闻出版、广播影视、文化等机构和团体应当发挥各自优势做好科普宣传工作。综合类报纸、期刊应当开设科普专栏、专版；广播电台、电视台应当开设科普栏目或者转播科普节目；影视生产、发行和放映机构应当加强科普影视作品的制作、发行和放映；书刊出版、发行机构应当扶持科普书刊的出版、发行；综合性互联网站应当开设科普网页；科技馆（站）、图书馆、博物馆、文化馆等文化场所应当发挥科普教育的作用。

医疗卫生、计划生育、环境保护、国土资源、体育、气象、地震、文物、旅游等国家机关、事业单位，应当结合各自的工作开展科普活动。

工会、共产主义青年团、妇女联合会等社会团体应当结合各自工作对象的特点组织开展科普活动。

企业应当结合技术创新和职工技能培训开展科普活动，有条件的可以设立向公众开放的科普场馆和设施。

国家加强农村的科普工作。农村基层组织应当根据当地经济与社会发展的需要，围绕科学生产、文明生活，发挥乡镇科普组织、农村学校的作用，开展科普工作。各类农村经济组织、农业技术推广机构和农村专业技术协会，应当结合推广先进适用技术向农民普及科学技术知识。

城镇基层组织及社区应当利用所在地的科技、教育、文化、卫生、旅游等资源，结合居民的生活、学习、健康娱乐等需要开展科普活动。

公园、商场、机场、车站、码头等各类公共场所的经营管理单位，应当在所辖范围内加强科普宣传。

四、科普工作的保障措施

各级人民政府应当将科普经费列入同级财政预算，逐步提高科普投入水平，保障科普工作顺利开展。各级人民政府有关部门应当安排一定的经费用于科普工作。

省、自治区、直辖市人民政府和其他有条件的地方人民政府，应当将科普场馆、设施建设纳入城乡建设规划和基本建设计划；对现有科普场馆、设施应当加强利用、维修和改造。以政府财政投资建设的科普场馆，应当配备必要的专职人员，常年向公众开放，对青少年实行优惠，并不得擅自改作他用；经费困难的，同级财政应当予以补贴，使其正常运行。尚无条件建立科普场馆的地方，可以利用现有的科技、教育、文化等设施开展科普活动，并设立科普画廊、橱窗等。

国家支持科普工作，依法对科普事业实行税收优惠。科普组织开展科普活动、兴办科普事业，可以依法获得资助和捐赠。

国家鼓励境内外的社会组织和个人设立科普基金，用于资助科普事业。

国家鼓励境内外的社会组织和个人捐赠财产资助科普事业；对捐赠财产用于科普事业或者投资建设科普场馆、设施的，依法给予优惠。

科普经费和社会组织、个人资助科普事业的财产，必须用于科普事业，任何单位或者个人不得克扣、截留、挪用。

各级人民政府、科学技术协会和有关单位都应当支持科普工作者开展科普工作，对在科普工作中做出重要贡献的组织和个人，予以表彰和奖励。

五、破坏、妨碍科普工作的法律责任

以科普为名进行有损社会公共利益的活动，扰乱社会秩序或者骗取财物，由有关主管部门给予批评教育，并予以制止；违反治安管理规定的，由公安机关依法给予治安管理处罚；构成犯罪的，依法追究刑事责任。

违反法律规定，克扣、截留、挪用科普财政经费或者贪污、挪用捐赠款物的，由有关主管部门责令限期归还；对负有责任的主管人员和其他直接责任人员依法给予行政处分；构成犯罪的，依法追究刑事责任。

擅自将政府财政投资建设的科普场馆改为他用的，由有关主管部门责令限期改正；情节严重的，对负有责任的主管人员和其他直接责任人员依法给予行政处分。扰乱科普场馆秩序或者毁损科普场馆、设施的，依法责令其停止侵害、恢复原状或者赔偿损失；构成犯罪的，依法追究刑事责任。

国家工作人员在科普工作中滥用职权、玩忽职守、徇私舞弊的，依法给予行政处分；构成犯罪的，依法追究刑事责任。

第三章　促进科技成果转化法律制度

党的二十大报告提出，提高科技成果转化和产业化水平。科技成果转化为现实生产力，有利于加快实施创新驱动发展战略，促进科技与经济的结合，有利于提高经济效益、社会效益和保护环境、合理利用资源，有利于促进经济建设、社会发展和维护国家安全。

第一节　科技成果转化概述

为了实施创新驱动发展战略，促进科技成果转化为现实生产力，规范科技成果转化活动，加速科学技术进步，推动经济建设和社会发展，我国特别制定了《中华人民共和国促进科技成果转化法》（以下简称《科技成果转化法》）。《科技成果转化法》规定："科技成果，是指通过科学研究与技术开发所产生的具有实用价值的成果。职务科技成果，是指执行研究开发机构、高等院校和企业等单位的工作任务，或者主要是利用上述单位的物质技术条件所完成的科技成果。"

拓展材料 3-1

《浙江省促进科技成果转化条例》第二条第二款：

本条例所称科技成果，是指通过科学研究与技术开发所产生的具有实用价值的成果，包括专利技术及计算机软件、集成电路布图设计、植物新品种、设计图纸、试验结果、试验记录、工艺、流程、配方、样品和数据等非专利技术和信息。

一、科技成果转化的界定

科技成果转化，是指为提高生产力水平而对科学研究与技术开发所产生的具有实用价值的科技成果所进行的后续试验、开发、应用、推广直至形成新技术、新工艺、新材料、新产品、新服务、新标准，发展新产业等活动。

科技成果转化活动应当尊重市场规律，发挥企业的主体作用，遵循自愿、互利、公平、诚实信用的原则，依照法律法规规定和合同约定，享有权益，承担风险。科技成果转化活动中的知识产权和技术权益受法律保护。

科技成果转化活动应当遵守法律法规，维护国家利益，不得损害社会公共利益和他人合法权益。

科技成果转化活动应当有利于合理开发和利用资源，节约能源，降低消耗，防止环境污染。

二、促进科技成果转化的基本思路

国家对科技成果转化合理安排财政资金投入，引导社会资金投入，推动科技成果转化资金投入的多元化。

国务院和地方各级人民政府应当加强科技、财政、投资、税收、人才、产业、金融、政府采购、军民融合等政策协同，为科技成果转化创造良好环境。地方各级人民政府结合本地实际，可以采取更加有利于促进科技成果转化的措施。

国家鼓励科技成果首先在中国境内实施。中国单位或者个人向境外的组织、个人转让或者许可其实施科技成果的，应当遵守相关法律、行政法规以及国家有关规定。

国家为了国家安全、国家利益和重大社会公共利益的需要，可以依法组织实施或者许可他人实施相关科技成果。

国务院科学技术行政部门、经济综合管理部门和其他有关行政部门依照国务院规定的职责，管理、指导和协调科技成果转化工作。地方各级人民政府负责管理、指导和协调本行政区域内的科技成果转化工作。

科技成果转化各方主体应当遵守法律法规规定，对其在科技成果转化过程中知悉的国家秘密、技术秘密和商业秘密负有保密义务。

科技成果转化各方主体在科技成果转化活动中应当弘扬科学精神，遵守科研诚信规范和科技伦理规范，恪守职业道德。

人民政府应当对在科技成果转化活动中做出突出贡献的单位和个人给予奖励。

第二节　科技成果转化的组织实施

《科技成果转化法》第 9 条规定："国务院和地方各级人民政府应当将科技成果的转化纳入国民经济和社会发展计划，并组织协调实施有关科技成果的转化。"

一、科技成果转化的管理措施

国务院和地方各级人民政府应当加强对科技成果转化工作的领导，将科技成果转化工作纳入国民经济和社会发展计划，优化科技环境，逐步完善科技成果转化服务体系，培育科技成果转化市场。

国务院和各级人民政府负责管理、指导和协调本行政区域内的科技成果转化工作。发展改革、工业和信息化等有关主管部门，负责做好各自职责范围内的科技成果转化服务和监督工作。

（一）科技规划、计划和工作指南

科技主管部门应当会同其他有关部门根据国家产业政策以及国民经济与社会发展规划，制订科技成果转化工作计划，发布科技成果目录和转化工作指南，引导科技成果转化活动。

科技成果转化工作指南应当载明国家产业政策、产业规划、科技成果转化相关优惠政策、重点科技成果转化项目、技术交易规范

等内容。

利用财政资金设立应用类科技项目和其他相关科技项目，有关行政部门、管理机构应当改进和完善科研组织管理方式，在制定相关科技规划、计划和编制项目指南时应当听取相关行业、企业的意见；在组织实施应用类科技项目时，应当明确项目承担者的科技成果转化义务，加强知识产权管理，并将科技成果转化和知识产权创造、运用作为立项和验收的重要内容和依据。

（二）科技报告和科技成果信息系统

国家建立、完善科技报告制度和科技成果信息系统，规范科技成果信息采集、加工与服务活动，向社会公布科技项目实施情况以及科技成果和相关知识产权信息，提供科技成果信息查询、筛选等公益服务。公布有关信息不得泄露国家秘密和商业秘密。对不予公布的信息，有关部门应当及时告知相关科技项目承担者。

利用财政资金设立的科技项目的承担者应当按照规定及时提交相关科技报告，并将科技成果和相关知识产权信息汇交到科技成果信息系统。同时，可以一并提交潜在的可转化科技成果情况分析与推进方案报告。

国家鼓励利用非财政资金设立的科技项目的承担者提交相关科技报告，将科技成果和相关知识产权信息汇交到科技成果信息系统，人民政府、有关部门应当为其提供方便。利用非财政资金设立的科技项目的承担者提交的科技报告，可以作为有关部门认定其开展研究开发活动、享受财税优惠政策的参考依据。

（三）政府政策支持

对下列科技成果转化项目，国家通过政府采购、研究开发资助、发布产业技术指导目录、示范推广等方式予以支持：

（1）能够显著提高产业技术水平、经济效益或者能够形成促进社会经济健康发展的新产业的；

（2）能够显著提高国家安全能力和公共安全水平的；

(3) 能够合理开发和利用资源、节约能源、降低消耗以及防治环境污染、保护生态、提高应对气候变化和防灾减灾能力的;

(4) 能够改善民生和提高公共健康水平的;

(5) 能够促进现代农业或者农村经济发展的;

(6) 能够加快民族地区、边远地区、贫困地区社会经济发展的。

国家通过制定政策措施，提倡和鼓励采用先进技术、工艺和装备，不断改进、限制使用或者淘汰落后技术、工艺和装备。

国家加强标准制定工作，对新技术、新工艺、新材料、新产品依法及时制定国家标准、行业标准，积极参与国际标准的制定，推动先进适用技术推广和应用。

(四) 企业支持

人民政府、有关部门应当建立以企业为主体、市场为导向、产学研紧密结合的技术创新制度，发挥企业在研究开发方向选择、项目实施和成果应用中的主导作用。利用财政资金设立的、具有市场应用前景的科技项目可以由企业牵头组织实施。

鼓励、支持有条件的企业建立或者联合设立高新技术研究开发中心、企业研究院、工程研究（技术）中心、企业技术中心、重点实验室、工程实验室、院士工作站、企业博士后科研工作站、博士或者硕士实践基地、大师工作室等研究开发机构，提高企业自主创新和科技成果转化能力。

鼓励企业利用政府科技信息网络等公共服务平台发布科技成果及其转化合作等需求信息。科技主管部门及其他有关部门应当根据职责分工，为企业获取所需的科技成果提供支持和帮助。

支持企业承接研究开发机构、高等院校的科技成果并实施转化。对承接科技成果的企业，县级以上人民政府可以按照技术合同的实际成交额或者科技成果作价投资的一定比例给予补助。

鼓励企业合理有效利用外资和国外先进的技术、设备、管理经验，实施科技成果转化。支持以优势企业为主体，联合国内外研究开发机构、高等院校和其他企业事业单位共同建设国际科技合作基地、国际科技企业孵化器、国际技术转让平台等。

鼓励企业建立健全科技成果转化的激励分配机制，利用股权出售、股权奖励、股票期权、项目收益分红、岗位分红等方式激励科技人员开展科技成果转化。

（五）国有企业管控

国有资产监督管理部门应当将国有独资企业及国有资本占控股地位或者主导地位的企业研究开发投入、科技成果转化绩效等指标纳入企业负责人经营业绩考核体系。国有独资企业及国有资本占控股地位或者主导地位的企业当年研究开发投入可以在经营业绩考核中视同利润。具体办法由省级国有资产监督管理部门会同有关部门制定。

二、科技成果的转移转化路径

国家鼓励研究开发机构、高等院校采取转让、许可或者作价投资等方式，向企业或者其他组织转移科技成果。

（一）科技成果转化的基本路径

科技成果持有者可以采用下列方式进行科技成果转化：

（1）自行投资实施转化；

（2）向他人转让该科技成果；

（3）许可他人使用该科技成果；

（4）以该科技成果作为合作条件，与他人共同实施转化；

（5）以该科技成果作价投资，折算股份或者出资比例；

（6）其他协商确定的方式。

（二）研究开发机构、高等院校的权利和义务

国家设立的研究开发机构、高等院校应当加强对科技成果转化的管理、组织、协调和服务，建立职务科技成果管理制度，明确登记备案、转化实施、处置分配、组织保障、异议处理等内容，促进科技成果转化队伍建设，优化科技成果转化流程，通过本单位负责技术转移工作的机构或者委托独立的科技成果转化服务机构开展技术转移。

1. 研究开发机构、高等院校的相关权利

国家设立的研究开发机构、高等院校对其持有的科技成果，可以自主决定转让、许可或者作价投资，除涉及国家秘密、国家安全外，不需报相关主管部门审批或者备案。

国家设立的研究开发机构、高等院校所取得的职务科技成果，完成人和参加人在不变更职务科技成果权属的前提下，可以根据与本单位的协议进行该项科技成果的转化，并享有协议规定的权益；该单位对上述科技成果转化活动应当予以支持。

国家设立的研究开发机构、高等院校取得的科技成果转化收益留归单位，不上缴国库。

国家设立的研究开发机构、高等院校通过转让、许可方式取得的科技成果转化收益计入事业收入；作价投资取得的股权红利和其他投资收益计入其他收入。科技成果转让、许可他人使用或者作价投资过程中发生的评估费、差旅费、税金、中介服务费等费用计入事业支出。

国家设立的研究开发机构、高等院校通过在技术交易市场挂牌交易、拍卖等方式确定科技成果价格，或者通过协议定价并按照规定在本单位和技术交易市场公示的，单位负责人已按照本单位科技成果转化管理规定履行勤勉尽责义务且没有牟取非法利益的，不承担因科技成果转化后续价值变化产生的决策责任。

国家鼓励研究开发机构、高等院校与企业相结合，联合实施科技成果转化；也可以采取技术入股、产权交换获取科技成果，提高其转化科技成果的能力。研究开发机构、高等院校可以参与政府有关部门或者企业实施科技成果转化的招标投标活动。

国家鼓励研究开发机构、高等院校与企业及其他组织开展科技人员交流，根据专业特点、行业领域技术发展需要，聘请企业及其他组织的科技人员兼职从事教学和科研工作，支持本单位的科技人员到企业及其他组织从事科技成果转化活动。

2. 研究开发机构、高等院校的相关义务

国家设立的研究开发机构、高等院校对其持有的科技成果，应当通过协议定价、在技术交易市场挂牌交易、拍卖等方式确定价格。

通过协议方式确定科技成果价格的，应当公示科技成果名称、内容摘要、转化方式、拟交易价格等信息，并公开异议处理程序和办法。受让方是职务科技成果完成人或者其利害关系人的，应当予以标明。

通过在技术交易市场挂牌交易、拍卖方式进行科技成果转化的，应当合理确定挂牌交易、拍卖的基准价格。

国家设立的研究开发机构、高等院校组织实施职务科技成果登记备案、转化时，科技成果完成人或者课题负责人应当配合，不得阻碍职务科技成果的转化，不得将职务科技成果及其技术资料和数据占为己有，侵犯单位的合法权益。

（三）企业的权利和义务

企业依法有权独立或者与境内外企业、事业单位和其他合作者联合实施科技成果转化。

企业可以通过公平竞争，独立或者与其他单位联合承担政府组织实施的科技研究开发和科技成果转化项目。

对利用财政资金设立的具有市场应用前景、产业目标明确的科技项目，政府有关部门、管理机构应当发挥企业在研究开发方向选择、项目实施和成果应用中的主导作用，鼓励企业、研究开发机构、高等院校及其他组织共同实施。

国家鼓励企业与研究开发机构、高等院校及其他组织采取联合建立研究开发平台、技术转移机构或者技术创新联盟等产学研合作方式，共同开展研究开发、成果应用与推广、标准研究与制定等活动。合作各方应当签订协议，依法约定合作的组织形式、任务分工、资金投入、知识产权归属、权益分配、风险分担和违约责任等事项。

国家鼓励大中型企业和其他有条件的企业建立和完善技术开发机构，引进、吸收和开发新技术，增强市场竞争能力。支持企业与研究开发机构、高等院校、职业院校及培训机构联合建立学生实习实践培训基地和研究生科研实践工作机构，共同培养专业技术人才和高技能人才。

（四）军民科技成果相互转化

国家建立有效的军民科技成果相互转化体系，完善国防科技协同创新体制机制。军品科研生产应当依法优先采用先进适用的民用标准，推动军用、民用技术相互转移、转化。

人民政府、有关部门应当鼓励和支持企业、研究开发机构、高等院校参与军民融合的科技创新活动，对军民融合科技合作项目、军民融合技术转移平台或者机构给予补助，加快军用、民用技术相互转移、转化。

（五）重点科技成果转化

各级人民政府组织实施的重点科技成果转化项目，可以由有关部门组织采用公开招标的方式实施转化。有关部门应当对中标单位提供招标时确定的资助或者其他条件。

国家鼓励农业科研机构、农业技术推广机构、农业试验示范单位独立或者与其他单位合作，为农业生产提供产前、产中、产后综合配套技术服务，实施农业科技成果转化。

农业科研机构、农业技术推广机构为推进其科技成果转化，可以依法经营其独立研究开发或者与其他单位合作开发并经过试验、审定的优良品种（组合），以及其他农业科技产品。

加强农业技术推广工作，鼓励和支持社会各界的科技人员到农村开展农业技术推广服务活动，通过试验、示范、培训及咨询服务等形式，把先进、适用的农业技术应用于农业生产。农业科研机构、农业技术推广机构、农业试验示范单位研究和推广农业优良品种，可以从受益单位或者个人获得相应的补偿。

（六）二次开发

鼓励企业、研究开发和技术推广机构或者其他组织、公民引进下列科技成果，进行二次开发活动：

（1）对产业科技进步、产业结构调整、产品更新换代具有潜在引导作用并能产生重大影响的；

（2）对农业产业化、现代化、商品化生产具有明显推动作用的；

（3）对资源合理开发和利用、节约能源、降低消耗、环境保护和改善劳动条件等有明显作用的；

（4）能形成产业规模、具有较强经济竞争力的先进技术。

经二次开发的科技成果应当包括下列技术内容：

（1）补充生产定型前的相关技术数据；

（2）确定产品标准化和工艺规范；

（3）完善工业化、商品化规模生产中的关键措施；

（4）对技术方案、产品配方、工艺流程等进行部分或者全部实质性改进。

（七）价值评估

因作价投资、转让需要对科技成果的价值进行评估的，可以自愿委托评估机构评估；涉及国有资产或者公共利益等事项，法律、行政法规规定需要评估的，应当依法委托评估机构评估，评估后依照有关规定向国有资产管理部门办理相关手续。

对科技成果进行检测和价值评估，必须遵循公正、客观的原则，不得提供虚假的检测结果或者评估证明。

三、科技成果转化的考核评价

研究开发机构、高等院校的主管部门以及财政、科学技术等相关行政部门应当建立有利于促进科技成果转化的绩效考核评价体系，将科技成果转化情况作为对相关单位及人员评价、科研资金支持的重要内容和依据之一，并对科技成果转化绩效突出的相关单位及人员加大科研资金支持。

国家设立的研究开发机构、高等院校应当建立符合科技成果转化工作特点的职称评定、岗位管理和考核评价制度，完善收入分配激励约束机制。依法设立的科技成果评估机构，必须客观公正地对科技成果的水平和价值进行评估，为科技成果转化提供依据。

国家设立的研究开发机构、高等院校应当向其主管部门提交科技成果转化情况年度报告，说明本单位依法取得的科技成果数量、实施转化情况以及相关收入分配情况，该主管部门应当按照规定将科技成果转化情况年度报告报送财政、科学技术等相关行政部门。

教育、科技、财政等部门应当将科技成果转化情况评价结果作为考核政府设立的研究开发机构、高等院校工作绩效以及确定科研申报项目和给予经费支持的重要依据。

科技成果转化情况应当作为对完成、转化职务科技成果做出重要贡献的人员专业技术职称评定、职务聘任和考核评价的重要依据；对贡献突出的，可以破格评定、聘任。完成、转化职务科技成果做出重要贡献的人员，包括职务科技成果完成人和为科技成果转化做出重要贡献的科技人员、技术转移机构工作人员以及相关管理人员。

四、技术市场与科技中介服务机构

国家培育和发展技术市场，鼓励具有科技成果转化能力的社会团体、组织和个人，依法创办科技中介服务机构，为技术交易提供交易场所、信息平台以及信息检索、加工与分析、评估、经纪、咨询等服务。鼓励和支持研究开发机构、高等院校建立专业化的技术转移机构，加强技术转移转化人才队伍建设，开展技术转移转化人才专业技术资格评聘和职业能力评定工作。

依法设立的技术交易所或者中介机构可以从事下列科技成果转化活动：

（1）介绍、推荐先进、实用、成熟、可靠的科技成果；

（2）提供与科技成果转化相关的经济、技术、人才和其他信息；

（3）进行科技成果转化中的技术贸易活动；

（4）为科技成果转化提供咨询等服务。

科技主管部门及其他有关部门应当加强对各类科技中介服务机构的培育、引进，建立健全管理规范，并对促进科技成果转化做出重要贡献的科技中介服务机构给予奖励。

单位和个人在为科技成果转化提供中介服务活动中，应与当事人依法签定中介服务合同，严格履行合同约定，不得欺骗当事人，不得与当事人一方串通欺骗另一方。科技中介服务机构提供服务，应当遵循公正、客观的原则，不得提供虚假的信息和证明，对其在服务过程中知悉的国家秘密和当事人的商业秘密负有保密义务。

企业为采用新技术、新工艺、新材料和生产新产品，可以自行发布信息或者委托科技中介服务机构征集其所需的科技成果，或者征寻科技成果转化的合作者。

县级以上地方各级人民政府科学技术行政部门和其他有关部门应当根据职责分工，为企业获取所需的科技成果提供帮助和支持。

国家支持根据产业和区域发展需要建设公共研究开发平台，为科技成果转化提供技术集成、共性技术研究开发、中间试验和工业性试验、科技成果系统化和工程化开发、技术推广与示范等服务。

国家支持科技企业孵化器、大学科技园等科技企业孵化机构发展，为初创期科技型中小企业提供孵化场地、创业辅导、研究开发与管理咨询等服务。

第三节　科技成果转化的保障措施

各级人民政府应当安排必要的经费，用于促进科技成果转化的引导资金、贷款贴息、保险费补贴、补助资金、风险投资以及其他促进科技成果转化的支出。鼓励人民政府、有关部门逐年增加用于科技成果转化的经费投入。

一、产业基金与税收优惠

国务院和各级人民政府设立科技创新类产业基金，主要用于引导社会力量和人民政府加大科技成果转化投入。积极引导社会力量加大对科技成果转化的投入。企业用于科技成果转化的开发费用，在当年管理费中列支。

对社会力量，包括企业、事业单位、社会团体、个人和个体工商户，资助非关联的科研机构和高等院校研究开发新产品、新技术、新工艺所发生的研究开发经费，其资助支出符合税法规定的，准予在计算应纳税所得额时扣除。

国家依照有关税收法律、行政法规规定对科技成果转化活动实行税收优惠。其他法律法规有规定的，还可以享受国家和省、市规定的其他优惠。

科研机构整体改制为科技企业的，可以按照国家有关规定享受税收优惠。

科研机构、高等院校转化职务科技成果以股份或者出资比例等股权形式给予科技人员个人奖励，可暂不征收个人所得税。获奖人按股份、出资比例分红或者转让股权、出资比例时，应当按规定申报缴纳个人所得税。

对纳税人提供技术转让、技术开发和与之相关的技术咨询、技术服务取得的收入，依法享受国家有关税收优惠。

增值税一般纳税人销售其自行开发生产的软件产品，按适用税率征收增值税后，对其增值税实际税负超过3%的部分实行即征即退政策。软件开发生产企业发生的合理的工资薪金支出，准予企业所得税税前扣除；对符合条件的高新技术产品的出口，实行出口退税；对国内没有的先进技术和设备的进口实行税收扶持政策。

二、企业和创业者支持

科技主管部门应当会同财政部门通过简便、高效、普惠的方式，支持企业和创业者进行科技创新和科技成果转化活动。

（一）科技创新券

科技主管部门可以采取向企业和创业者发放科技创新券或者直接补助等方式，支持科技创新和科技成果转化。科技创新券用于购买科技成果和检验检测、研究开发设计、中间试验等服务。科技创新券可以在规定范围内使用，每半年至少结算一次，各地不得设置限制条件。

科技主管部门应当会同财政部门建立统一的科技创新券使用平台，定期公布可以使用科技创新券结算的研究开发机构、高等院校和其他企业事业单位名录，简化科技创新券使用程序，提高使用效益。

科技创新券的具体管理办法由科技主管部门会同财政部门制定。

（二）孵化器与众创空间

支持科技企业孵化器、大学科技园、众创空间、高新技术产业开发区、科技城等科技企业孵化机构、科技创新服务平台为科技型中小微企业提供孵化场地、创业辅导、中间试验、研究开发与管理咨询等服务，并按照国家和地方有关规定享受优惠政策。

科技企业孵化器、科技型中小微企业、众创空间的确认，按照国家和地方有关规定执行。

三、金融政策支持

国家鼓励银行业金融机构在组织形式、管理机制、金融产品和服务等方面进行创新，鼓励开展知识产权质押贷款、股权质押贷款等贷款业务，为科技成果转化提供金融支持。

国家鼓励政策性金融机构采取措施，加大对科技成果转化的金融支持。

国家鼓励保险机构开发符合科技成果转化特点的保险品种，为科技成果转化提供保险服务。鼓励从事科技成果转化活动的单位和个人参加科技成果转化保险。

国家完善多层次资本市场，支持企业通过股权交易、依法发行股票和债券等直接融资方式为科技成果转化项目进行融资。

四、风险投资制度

国家建立科技成果转化风险投资制度，设立风险投资引导基金，鼓励和支持企业及其他组织建立风险投资机构或者设立风险投资基金，支持创业投资机构、社会资本等对科技成果转化进行风险投资，引导和支持初创期科技型中小企业。

国家鼓励设立科技成果转化基金或者风险基金，其资金来源由国家、地方、企业、事业单位以及其他组织或者个人提供，用于支持高投入、高风险、高产出的科技成果的转化，加速重大科技成果的产业化。科技成果转化基金和风险基金的设立及其资金使用，依照国家有关规定执行。

五、政府采购与补贴

人民政府可以通过政府首购、订购等非招标采购方式，采购新产品、新技术、新服务，支持科技成果转化。

国家机关和使用财政资金的其他组织应当优先采购和使用节能、节水、节材、减排等有利于保护环境的新产品、新技术、新服务，鼓励、引导公民、法人和其他组织购买和使用新产品、新技术、新服务。

人民政府可以通过事后奖补、风险补偿等方式，支持具有自主知识产权的重大成套设备、通用和专用设备、核心零部件等首台（套）装备的研发。

六、人才培养与激励

人民政府及其有关部门应当支持企业与研究开发机构、高等院校、职业技术学校及培训机构采用联合培养工程硕士、联合建立学生实习实践培训基地和研究生科研实践工作机构等方式，共同培养专业技术人才和高技能人才。

鼓励研究开发机构、高等院校聘请优秀企业家、企业技术专家和创业投资人担任研究生兼职导师或者创业导师。鼓励有条件的高等院校设立技术转化相关学科或者专业，与研究开发机构、企业事业单位等建立联合培养机制。

省级人民政府及其有关部门应当对带技术、带成果、带项目在本省级行政区域实施科技成果转化的国内外高层次人才及其创新创业团队，按照有关规定给予资金、用地等支持。

政府设立的研究开发机构、高等院校的科技人员，可以根据国家和省级有关规定离岗创业或者兼职从事科技成果转化活动。

七、资金和经费管理

人民政府应当改进利用财政资金设立的科技项目的资金管理，优化预算编制方法，简化预算编制科目和程序，给予项目承担单位相应的预算调剂权限，加大绩效激励力度，建立符合科研活动规律和特点的差旅费、会议、因公出境等管理制度。利用财政资金设立的科技项目结余资金可以用于该项目科技成果转化和其他科研活动。

拓展资料 3–2

《武汉市促进科技成果转化条例》第十九条：

鼓励企业增加用于科技成果购买、中试及商品化等科技成果转化活动的费用。

企业用于科技成果转化所发生的费用，作为技术开发费计入成本。企业为开发新技术、研制新产品所购置的试制用关键设备、测试仪器，单台价值在10万元以下的，可一次或者分次摊入管理费用，其中达到固定资产标准的，应当单独管理，不再提取折旧。

企业用于研究开发新产品、新技术、新工艺研发生的各项费用，可以按照规定据实列支，其中盈利企业比上年实际发生额年增长达到10%以上的，可以再按照实际发生额的50%抵扣当年应纳税所得额。

《武汉市促进科技成果转化条例》第二十条：

企业、事业单位进行技术转让，或者在技术转让过程中发生的与技术转让有关的技术咨询、技术服务、技术培训所得，年净收入在30万元以下的，暂免征企业所得税。

八、交易便利化

人民政府应当采取措施，鼓励有条件的地方建立技术交易市场，为企业、研究开发机构、高等院校进行科技成果交易提供便利。

科技主管部门及其他有关部门按照“信息畅通、资源共享”的原则，完善科技成果信息网络，运用互联网、大数据、云计算等信息技术，加强技术交易市场建设，支持企业、研究开发机构、高等院校、行业协会等单位通过技术交易市场开展信息发布、供需对接、询价、拍卖等活动。

九、农业科技创新和推广

人民政府应当加强农业科技创新和推广体系建设，促进农作物种子种苗、种畜禽、农产品精深加工、农产品安全与标准化生产、农业高新技术及其产业化等方面的科学研究、技术开发、成果引进和转化，发展现代农业。

人民政府应当保障农业科学技术研究开发机构、示范推广机构及农业院校管理和使用试验基地、生产资料的自主权，促进农业新品种、新技术的研究开发、试验和推广。

人民政府可以从研究开发机构、高等院校、职业技术学校等单位中选派科技特派员，为农业科技创新、农村科技创业、农业技术推广提供指导和服务，开展农村科技创业，加快科技成果转化、推广和产业化。科技特派员的工资福利、专业技术职称评定、职务聘任，以及取得科技成果转化、农村科技创业的收益，按照国家和省有关规定执行。

十、知识产权保护

市场监督管理部门及其他有关部门应当加强科技成果转化过程中的知识产权保护和管理工作，指导企业、研究开发机构和高等院校建立健全知识产权管理制度。

市场监督管理部门及其他有关部门、有关高新技术产业开发区（园区）管理部门应当加强对企业知识产权工作的指导和服务，提高企业创造、运用、保护和管理知识产权的能力。

十一、其他保障措施

各级统计主管部门应当会同科学技术等有关部门对科技成果转化情况进行信息采集、统计分析，并定期公布。

第四节　科技成果转化中的技术权益

执行政府科技计划项目所形成的科技成果，属于项目完成单位，国家另有规定或者科技计划项目主管部门与项目承担单位另有书面约定的除外。

利用本单位的物质技术条件完成的科技成果，项目完成单位与科技成果完成人以协议形式对科技成果的有关权益归属作出约定的，从其约定。

一、合作转化的权益归属与义务

科技成果完成单位与其他单位合作进行科技成果转化的，应当依法由合同约定该科技成果有关权益的归属。合同未作约定的，按照下列原则办理：

（1）在合作转化中无新的发明创造的，该科技成果的权益，归该科技成果完成单位；

（2）在合作转化中产生新的发明创造的，该新发明创造的权益归合作各方共有；

（3）对合作转化中产生的科技成果，各方都有实施该项科技成果的权利，转让该科技成果应经合作各方同意。

科技成果完成单位与其他单位合作进行科技成果转化的，合作各方应当就保守技术秘密达成协议；当事人不得违反协议或者违反权利人有关保守技术秘密的要求，披露、允许他人使用该技术。

企业、事业单位应当建立健全技术秘密保护制度，保护本单位的技术秘密。职工应当遵守本单位的技术秘密保护制度。

企业、事业单位可以与参加科技成果转化的有关人员签订在职期间或者离职、离休、退休后一定期限内保守本单位技术秘密的协议；有关人员不得违反协议约定，泄露本单位的技术秘密和从事与原单位相同的科技成果转化活动。

职工不得将职务科技成果擅自转让或者变相转让。

二、转化收入分配机制

国家设立的研究开发机构、高等院校转化科技成果所获得的收入全部留归本单位，在对完成、转化职务科技成果做出重要贡献的人员给予奖励和报酬后，主要用于科学技术研究开发与成果转化等相关工作。

政府设立的研究开发机构、高等院校可以将科技成果作价投资或者作为注册资本，享有相应的资产权利，承担相应责任，并指定所属专业部门统一管理科技成果作价形成的资产。企业在科技成果转化中形成的无形资产，应当列入企业资产总额并纳入企业考核目标体系。

政府设立的研究开发机构、高等院校持有的科技成果，在不变更权属的前提下，科技成果完成人可以根据与本单位的协议实施该项科技成果。单位对科技成果完成人实施科技成果转化活动应当予以支持。

政府设立的研究开发机构、高等院校对其持有的科技成果的转化，未与科技成果完成人签订实施协议，且在专利授权后或者其他科技成果登记备案后超过一年未组织实施、转让或者作价投资的，科技成果完成人可以自行实施或者与他人合作实施该项科技成果，所得收益归科技成果完成人所有。

政府设立的研究开发机构、高等院校以市场委托或者政府采购方式取得的技术开发以及在科技成果转化工作中开展的技术咨询、技术服务、技术培训等技术活动收入，纳入单位财务管理，按照协议约定扣除经费支出后，可以根据本单位规定对完成项目的科技人员给予奖励。奖励支出计入当年本单位工资总额，但不受本单位绩效工资总额限制、不纳入本单位绩效工资总额基数。

研究开发机构、高等院校等事业单位及其所属具有独立法人资格的单位负责人，是职务科技成果主要完成人或者对职务科技成果转化做出直接重要贡献的，可以按照有关规定获取奖励和报酬。以职务科技成果折股投资的，该职务科技成果完成者以及在该项科技成果转化中做出突出贡献的人员，可以占有一定比例的股份。

三、科技人员的奖励和报酬

职务科技成果转化后，由科技成果完成单位对完成、转化该项科技成果做出重要贡献的人员给予奖励和报酬。

科技成果完成单位可以规定或者与科技人员约定奖励和报酬的方式、数额和时限。单位制定相关规定，应当充分听取本单位科技人员的意见，并在本单位公开相关规定。

科技成果完成单位未规定、也未与科技人员约定奖励和报酬的方式和数额的，按照下列标准对完成、转化职务科技成果做出重要贡献的人员给予奖励和报酬：

（1）将该项职务科技成果转让、许可给他人实施的，从该项科技成果转让净收入或者许可净收入中提取不低于百分之五十的比例；

（2）利用该项职务科技成果作价投资的，从该项科技成果形成的股份或者出资比例中提取不低于百分之五十的比例；

（3）将该项职务科技成果自行实施或者与他人合作实施的，应当在实施转化成功投产后连续三至五年，每年从实施该项科技成果的营业利润中提取不低于百分之五的比例。

国家设立的研究开发机构、高等院校规定或者与科技人员约定奖励和报酬的方式和数额应当符合上述第一项至第三项规定的标准。

国有企业、事业单位依照本法规定对完成、转化职务科技成果做出重要贡献的人员给予奖励和报酬的支出计入当年本单位工资总额，但不受当年本单位工资总额限制、不纳入本单位工资总额基数。

对完成、转化职务科技成果做出重要贡献人员的奖励支付期限，应当在科技成果完成单位的有关奖励制度中规定或者与相关人员签订的协议中约定。

科技成果完成单位未在奖励制度中规定奖励支付期限，也未与相关人员签订协议约定的，科技成果完成单位应当在取得科技成果转化收入之日起6个月内进行奖励；以作价投资方式转化科技成果的，应当在股权登记或者变更时完成股权奖励。法律、法规另有规定的，从其规定。

拓展资料3-3

《浙江省促进科技成果转化条例》第三十七条：

政府设立的研究开发机构、高等院校依法对完成、转化职务科技成果做出重要贡献的人员给予奖励时，按照下列规定执行：

（一）以技术转让或者许可方式转化职务科技成果的，应当从技术转让或者许可所取得的净收入中提取不低于百分之七十的比例用于奖励；

（二）以职务科技成果作价投资实施转化的，应当从作价投资取得的股份或者出资比例中提取不低于百分之七十的比例用于奖励；

（三）自行实施或者与他人合作实施职务科技成果的，在实施转化成功投产后五年内，可以每年从实施该项科技成果的营业利润中提取不低于百分之十的比例用于奖励。

政府设立的研究开发机构、高等院校对完成、转化职务科技成果的主要贡献人员获得奖励的份额不低于奖励总额的百分之七十，承担科技成果转化的技术转移机构工作人员和管理人员获得奖励的份额不低于奖励总额的百分之五。

政府设立的研究开发机构、高等院校可以在科技成果转化过程中，奖励科技成果完成人一定比例的科技成果权属份额，取得科技成果权属份额的科技成果完成人不再参与该项科技成果转化后单位所获收益的分配。科技成果完成人要求按照前两款规定获取奖励的除外。

本条第一款所称净收入是指技术合同的实际成交额扣除成本和税金支出后的余值，其中研究开发科技成果所用财政资金不列入成本。

政府设立的研究开发机构改制为企业的，对完成、转化职务科技成果做出重要贡献的人员的奖励，按照有关企业的规定执行。

本条例实施前制定的地方性法规对完成、转化职务科技成果作出重要贡献的人员的奖励规定与本条不一致的，按照本条规定执行。

拓展资料 3-4

《武汉市促进科技成果转化条例》第二十九条：

企业、研究开发机构、高等院校转化职务科技成果，应当对完成、转化该项科技成果作出重要贡献的人员给予奖励和报酬。科技成果完成单位未规定、也未与科技人员约定奖励和报酬的方式和数额的，按照下列标准给予奖励和报酬：

（一）将该项科技成果以技术转让或者许可方式实施转化的，按照转让或者许可所得净收入提取不低于百分之七十的比例；

（二）将该项科技成果以作价投资实施转化的，按照形成的股份或者出资比例提取不低于百分之七十的比例；

（三）将该项科技成果自行实施转化或者与他人合作实施转化的，应当在转化项目投产后连续三至五年，每年从实施该项科技成果的营业利润中提取不低于百分之五的比例给予奖励和报酬，或者参照此比例，给予一次性奖励。

拓展资料 3-5

《吉林省促进科技成果转化条例》第四十八条：

政府设立的研究开发机构、高等院校未规定，也未与科技人员约定奖励和报酬的方式和数额的，按照下列标准对职务科技成果完成人以及对职务科技成果转化有重要贡献的人员或者团队给予奖励和报酬：

（一）以转让、许可等方式实施转化的，从转让或者许可净收入中提取不低于百分之七十的比例；

（二）以作价投资方式实施转化的，从该成果对应的股份或者出资比例中提取不低于百分之七十的比例；

（三）将该职务科技成果自行实施或者与他人合作实施的，应当在实施转化成功投产后连续五年，每年从实施该项科技成果的营业利润中提取不低于百分之十的比例。期满后依据其他法律法规应当继续给予奖励和报酬的，从其规定；

（四）在研究开发和科技成果转化中作出主要贡献的人员，获得奖励的份额不低于奖励总额百分之六十的比例。

第五节　国家科学技术奖

为了调动科学技术工作者的积极性和创造性，建设创新型国家和世界科技强国，国务院设立国家科学技术奖，用以奖励在科学技术进步活动中做出突出贡献的个人、组织。

一、国家科学技术奖设立的基本原则

国家科学技术奖应当与国家重大战略需要和中长期科技发展规划紧密结合。国家加大对自然科学基础研究和应用基础研究的奖励。国家自然科学奖应当注重前瞻性、理论性，国家技术发明奖应当注重原创性、实用性，国家科学技术进步奖应当注重创新性、效益性。

国家科学技术奖励工作坚持中国共产党领导，实施创新驱动发展战略，贯彻尊重劳动、尊重知识、尊重人才、尊重创造的方针，培育和践行社会主义核心价值观。

国家维护国家科学技术奖的公正性、严肃性、权威性和荣誉性，将国家科学技术奖授予追求真理、潜心研究、学有所长、研有所专、敢于超越、勇攀高峰的科技工作者。国家科学技术奖的提名、评审和授予，不受任何组织或者个人干涉。

国务院科学技术行政部门负责国家科学技术奖的相关办法制定和评审活动的组织工作。对涉及国家安全的项目，应当采取严格的保密措施。国家科学技术奖励应当实施绩效管理。

国家设立国家科学技术奖励委员会。国家科学技术奖励委员会聘请有关方面的专家、学者等组成评审委员会和监督委员会，负责国家科学技术奖的评审和监督工作。国家科学技术奖励委员会的组成人员人选由国务院科学技术行政部门提出，报国务院批准。

二、国家科学技术奖的设置

根据《国家科学技术奖励条例》的规定，国务院设立下列国家科学技术奖：

（一）国家最高科学技术奖

国家最高科学技术奖授予下列中国公民：

（1）在当代科学技术前沿取得重大突破或者在科学技术发展中有卓越建树的；

（2）在科学技术创新、科学技术成果转化和高技术产业化中，创造巨大经济效益、社会效益、生态环境效益或者对维护国家安全做出巨大贡献的。

国家最高科学技术奖不分等级，每次授予人数不超过2名。

（二）国家自然科学奖

国家自然科学奖授予在基础研究和应用基础研究中阐明自然现象、特征和规律，做出重大科学发现的个人。

重大科学发现，应当具备下列条件：

（1）前人尚未发现或者尚未阐明；

（2）具有重大科学价值；

（3）得到国内外自然科学界公认。

国家自然科学奖分为一等奖、二等奖2个等级；对做出特别重大的科学发现、技术发明或者创新性科学技术成果的，可以授予特等奖。

（三）国家技术发明奖

国家技术发明奖授予运用科学技术知识做出产品、工艺、材料、器件及其系统等重大技术发明的个人。

重大技术发明，应当具备下列条件：

（1）前人尚未发明或者尚未公开；

（2）具有先进性、创造性、实用性；

（3）经实施，创造显著经济效益、社会效益、生态环境效益或者对维护国家安全做出显著贡献，且具有良好的应用前景。

国家技术发明奖分为一等奖、二等奖 2 个等级；对做出特别重大的科学发现、技术发明或者创新性科学技术成果的个人，可以授予特等奖。

（四）国家科学技术进步奖

国家科学技术进步奖授予完成和应用推广创新性科学技术成果，为推动科学技术进步和经济社会发展做出突出贡献的个人、组织。

创新性科学技术成果，应当具备下列条件：

（1）技术创新性突出，技术经济指标先进；

（2）经应用推广，创造显著经济效益、社会效益、生态环境效益或者对维护国家安全做出显著贡献；

（3）在推动行业科学技术进步等方面有重大贡献。

国家科学技术进步奖分为一等奖、二等奖 2 个等级；对做出特别重大的科学发现、技术发明或者创新性科学技术成果的个人、组织，可以授予特等奖。

（五）中华人民共和国国际科学技术合作奖

中华人民共和国国际科学技术合作奖授予对中国科学技术事业做出重要贡献的下列外国人或者外国组织：

（1）同中国的公民或者组织合作研究、开发，取得重大科学技术成果的；

（2）向中国的公民或者组织传授先进科学技术、培养人才，成效特别显著的；

(3) 为促进中国与外国的国际科学技术交流与合作，做出重要贡献的。

中华人民共和国国际科学技术合作奖不分等级。

三、国家科学技术奖的提名

国家科学技术奖实行提名制度，不受理自荐。

(一) 提名资格

候选者由下列单位或者个人提名：

(1) 符合国务院科学技术行政部门规定的资格条件的专家、学者、组织机构；

(2) 中央和国家机关有关部门，中央军事委员会科学技术部门，省、自治区、直辖市、计划单列市人民政府。

香港特别行政区、澳门特别行政区、台湾地区的有关个人、组织的提名资格条件，由国务院科学技术行政部门规定。

中华人民共和国驻外使馆、领馆可以提名中华人民共和国国际科学技术合作奖的候选者。

(二) 提名办法

提名办法由国务院科学技术行政部门制定。

提名者应当严格按照提名办法提名，提供提名材料，对材料的真实性和准确性负责，并按照规定承担相应责任。

(三) 不得被提名的情形

在科学技术活动中有下列情形之一的，相关个人、组织不得被提名或者授予国家科学技术奖：

(1) 危害国家安全、损害社会公共利益、危害人体健康、违反伦理道德的；

(2) 有科研不端行为，按照国家有关规定被禁止参与国家科学技术奖励活动的；

(3) 有国务院科学技术行政部门规定的其他情形的。

四、国家科学技术奖的评审

国家科学技术奖的评审办法由国务院科学技术行政部门制定。主要包含以下内容：

（一）评审专家库和评审委员会

国务院科学技术行政部门应当建立覆盖各学科、各领域的评审专家库，并及时更新。评审专家应当精通所从事学科、领域的专业知识，具有较高的学术水平和良好的科学道德。

评审活动应当坚持公开、公平、公正的原则。评审专家与候选者有重大利害关系，可能影响评审公平、公正的，应当回避。

评审委员会的评审委员和参与评审活动的评审专家应当遵守评审工作纪律，不得有利用评审委员、评审专家身份谋取利益或者与其他评审委员、评审专家串通表决等可能影响评审公平、公正的行为。

（二）评审程序

（1）初评：评审委员会设立评审组进行初评，评审组负责提出初评建议并提交评审委员会。参与初评的评审专家从评审专家库中抽取产生。

（2）评审：评审委员会根据相关办法对初评建议进行评审，并向国家科学技术奖励委员会提出各奖种获奖者和奖励等级的建议。

（3）监督：监督委员会根据相关办法对提名、评审和异议处理工作全程进行监督，并向国家科学技术奖励委员会报告监督情况。

（4）决议：国家科学技术奖励委员会根据评审委员会的建议和监督委员会的报告，作出各奖种获奖者和奖励等级的决议。

（5）报批：国务院科学技术行政部门对国家科学技术奖励委员会作出的各奖种获奖者和奖励等级的决议进行审核，报国务院批准。

五、国家科学技术奖的授予

国家最高科学技术奖报请国家主席签署并颁发奖章、证书和奖金。国家最高科学技术奖的奖金数额由国务院规定。

国家自然科学奖、国家技术发明奖、国家科学技术进步奖由国务院颁发证书和奖金。国家自然科学奖、国家技术发明奖、国家科学技术进步奖的奖金数额由国务院科学技术行政部门会同财政部门规定。

中华人民共和国国际科学技术合作奖由国务院颁发奖章和证书。

国家科学技术奖的奖励经费列入中央预算。国家科学技术奖提名和评审的办法、奖励总数、奖励结果等信息应当向社会公布，接受社会监督。涉及国家安全的保密项目，应当严格遵守国家保密法律法规的有关规定，加强项目内容的保密管理，在适当范围内公布。

宣传国家科学技术奖获奖者的突出贡献和创新精神，应当遵守法律法规的规定，做到安全、保密、适度、严谨。

六、国家科学技术奖的监督与保障

（一）国家科学技术奖励工作实行科研诚信审核制度

国务院科学技术行政部门负责建立提名专家、学者、组织机构和评审委员、评审专家、候选者的科研诚信严重失信行为数据库。对违反规定，有科研诚信严重失信行为的个人、组织，记入科研诚信严重失信行为数据库，并共享至全国信用信息共享平台，按照国家有关规定实施联合惩戒。

（二）禁止任何个人、组织进行可能影响国家科学技术奖提名和评审公平、公正的活动

（1）候选者进行可能影响国家科学技术奖提名和评审公平、

公正的活动的，由国务院科学技术行政部门给予通报批评，取消其参评资格，并由所在单位或者有关部门依法给予处分。

（2）其他个人或者组织进行可能影响国家科学技术奖提名和评审公平、公正的活动的，由国务院科学技术行政部门给予通报批评；相关候选者有责任的，取消其参评资格。

（3）评审委员、评审专家违反国家科学技术奖评审工作纪律的，由国务院科学技术行政部门取消其评审委员、评审专家资格，并由所在单位或者有关部门依法给予处分。

（三）禁止使用国家科学技术奖名义牟取不正当利益

（1）获奖者剽窃、侵占他人的发现、发明或者其他科学技术成果的，或者以其他不正当手段骗取国家科学技术奖的，由国务院科学技术行政部门报国务院批准后撤销奖励，追回奖章、证书和奖金，并由所在单位或者有关部门依法给予处分。

（2）提名专家、学者、组织机构提供虚假数据、材料，协助他人骗取国家科学技术奖的，由国务院科学技术行政部门给予通报批评；情节严重的，暂停或者取消其提名资格，并由所在单位或者有关部门依法给予处分。

（3）国家科学技术奖的候选者、获奖者、评审委员、评审专家和提名专家、学者涉嫌违反其他法律、行政法规的，国务院科学技术行政部门应当通报有关部门依法予以处理。

（4）参与国家科学技术奖评审组织工作的人员在评审活动中滥用职权、玩忽职守、徇私舞弊的，依法给予处分；构成犯罪的，依法追究刑事责任。

七、其他规定

（一）省级科学技术奖

有关部门根据国家安全领域的特殊情况，可以设立部级科学技术奖；省、自治区、直辖市、计划单列市人民政府可以设立一项省级科学技术奖。具体办法由设奖部门或者地方人民政府制定，并报国务院科学技术行政部门及有关单位备案。

设立省部级科学技术奖，应当按照精简原则，严格控制奖励数量，提高奖励质量，优化奖励程序。

其他国家机关、群众团体，以及参照公务员法管理的事业单位，不得设立科学技术奖。

（二）鼓励社会力量设立科学技术奖

国家鼓励社会力量设立科学技术奖。社会力量设立科学技术奖的，在奖励活动中不得收取任何费用。

国务院科学技术行政部门应当对社会力量设立科学技术奖的有关活动进行指导服务和监督管理，并制定具体办法。

拓展资料 3-6

实施《中华人民共和国促进科技成果转化法》若干规定

国发〔2016〕16 号

为加快实施创新驱动发展战略，落实《中华人民共和国促进科技成果转化法》，打通科技与经济结合的通道，促进大众创业、万众创新，鼓励研究开发机构、高等院校、企业等创新主体及科技人员转移转化科技成果，推进经济提质增效升级，作出如下规定。

一、促进研究开发机构、高等院校技术转移

（一）国家鼓励研究开发机构、高等院校通过转让、许可或者作价投资等方式，向企业或者其他组织转移科技成果。国家设立的研究开发机构和高等院校应当采取措施，优先向中小微企业转移科技成果，为大众创业、万众创新提供技术供给。

国家设立的研究开发机构、高等院校对其持有的科技成果，可以自主决定转让、许可或者作价投资，除涉及国家秘密、国家安全外，不需审批或者备案。

国家设立的研究开发机构、高等院校有权依法以持有的科技成果作价入股确认股权和出资比例，并通过发起人协议、投资协议或者公司章程等形式对科技成果的权属、作价、折股数量或者出资比例等事项明确约定，明晰产权。

（二）国家设立的研究开发机构、高等院校应当建立健全技术转移工作体系和机制，完善科技成果转移转化的管理制度，明确科技成果转化各项工作的责任主体，建立健全科技成果转化重大事项领导班子集体决策制度，加强专业化科技成果转化队伍建设，优化科技成果转化流程，通过本单位负责技术转移工作的机构或者委托独立的科技成果转化服务机构开展技术转移。鼓励研究开发机构、高等院校在不增加编制的前提下建设专业化技术转移机构。

国家设立的研究开发机构、高等院校转化科技成果所获得的收入全部留归单位，纳入单位预算，不上缴国库，扣除对完成和转化职务科技成果作出重要贡献人员的奖励和报酬后，应当主要用于科学技术研发与成果转化等相关工作，并对技术转移机构的运行和发展给予保障。

（三）国家设立的研究开发机构、高等院校对其持有的科技成果，应当通过协议定价、在技术交易市场挂牌交易、拍卖等市场化方式确定价格。协议定价的，科技成果持有单位应当在本单位公示科技成果名称和拟交易价格，公示时间不少于15日。单位应当明确并公开异议处理程序和办法。

（四）国家鼓励以科技成果作价入股方式投资的中小企业充分利用资本市场做大做强，国务院财政、科技行政主管部门要研究制定国家设立的研究开发机构、高等院校以技术入股形成的国有股在企业上市时豁免向全国社会保障基金转持的有关政策。

（五）国家设立的研究开发机构、高等院校应当按照规定格式，于每年3月30日前向其主管部门报送本单位上一年度科技成果转化情况的年度报告，主管部门审核后于每年4月30日前将各单位科技成果转化年度报告报送至科技、财政行政主管部门指定的信息管理系统。年度报告内容主要包括：

1. 科技成果转化取得的总体成效和面临的问题；

2. 依法取得科技成果的数量及有关情况；

3. 科技成果转让、许可和作价投资情况；

4. 推进产学研合作情况，包括自建、共建研究开发机构、技术转移机构、科技成果转化服务平台情况，签订技术开发合同、技术咨询合同、技术服务合同情况，人才培养和人员流动情况等；

5. 科技成果转化绩效和奖惩情况，包括科技成果转化取得收入及分配情况，对科技成果转化人员的奖励和报酬等。

二、激励科技人员创新创业

（六）国家设立的研究开发机构、高等院校制定转化科技成果收益分配制度时，要按照规定充分听取本单位科技人员的意见，并在本单位公开相关制度。依法对职务科技成果完成人和为成果转化作出重要贡献的其他人员给予奖励时，按照以下规定执行：

1. 以技术转让或者许可方式转化职务科技成果的，应当从技术转让或者许可所取得的净收入中提取不低于50%的比例用于奖励。

2. 以科技成果作价投资实施转化的，应当从作价投资取得的股份或者出资比例中提取不低于50%的比例用于奖励。

3. 在研究开发和科技成果转化中作出主要贡献的人员，获得奖励的份额不低于奖励总额的50%。

4. 对科技人员在科技成果转化工作中开展技术开发、技术咨询、技术服务等活动给予的奖励，可按照促进科技成果转化法和本规定执行。

（七）国家设立的研究开发机构、高等院校科技人员在履行岗位职责、完成本职工作的前提下，经征得单位同意，可以兼职到企业等从事科技成果转化活动，或者离岗创业，在原则上不超过3年时间内保留人事关系，从事科技成果转化活动。研究开发机构、高等院校应当建立制度规定或者与科技人员约定兼职、离岗从事科技成果转化活动期间和期满后的权利和义务。离岗创业期间，科技人员所承担的国家科技计划和基金项目原则上不得中止，确需中止的应当按照有关管理办法办理手续。

积极推动逐步取消国家设立的研究开发机构、高等院校及其内设院系所等业务管理岗位的行政级别，建立符合科技创新规律的人事管理制度，促进科技成果转移转化。

（八）对于担任领导职务的科技人员获得科技成果转化奖励，按照分类管理的原则执行：

1. 国务院部门、单位和各地方所属研究开发机构、高等院校等事业单位（不含内设机构）正职领导，以及上述事业单位所属具有独立法人资格单位的正职领导，是科技成果的主要完成人或者对科技成果转化作出重要贡献的，可以按照促进科技成果转化法的规定获得现金奖励，原则上不得获取股权激励。其他担任领导职务的科技人员，是科技成果的主要完成人或者对科技成果转化作出重要贡献的，可以按照促进科技成果转化法的规定获得现金、股份或者出资比例等奖励和报酬。

2. 对担任领导职务的科技人员的科技成果转化收益分配实行公开公示制度，不得利用职权侵占他人科技成果转化收益。

（九）国家鼓励企业建立健全科技成果转化的激励分配机制，充分利用股权出售、股权奖励、股票期权、项目收益分红、岗位分红等方式激励科技人员开展科技成果转化。国务院财政、科技等行政主管部门要研究制定国有科技型企业股权和分红激励政策，结合深化国有企业改革，对科技人员实施激励。

（十）科技成果转化过程中，通过技术交易市场挂牌交易、拍卖等方式确定价格的，或者通过协议定价并在本单位及技术交易市场公示拟交易价格的，单位领导在履行勤勉尽责义务、没有牟取非法利益的前提下，免除其在科技成果定价中因科技成果转化后续价值变化产生的决策责任。

三、营造科技成果转移转化良好环境

（十一）研究开发机构、高等院校的主管部门以及财政、科技等相关部门，在对单位进行绩效考评时应当将科技成果转化的情况作为评价指标之一。

（十二）加大对科技成果转化绩效突出的研究开发机构、高等院校及人员的支持力度。研究开发机构、高等院校的主管部门以及财政、科技等相关部门根据单位科技成果转化年度报告情况等，对单位科技成果转化绩效予以评价，并将评价结果作为对单位予以支持的参考依据之一。

国家设立的研究开发机构、高等院校应当制定激励制度，对业绩突出的专业化技术转移机构给予奖励。

（十三）做好国家自主创新示范区税收试点政策向全国推广工作，落实好现有促进科技成果转化的税收政策。积极研究探索支持单位和个人科技成果转化的税收政策。

（十四）国务院相关部门要按照法律规定和事业单位分类改革的相关规定，研究制定符合所管理行业、领域特点的科技成果转化政策。涉及国家安全、国家秘密的科技成果转化，行业主管部门要完善管理制度，激励与规范相关科技成果转化活动。对涉密科技成果，相关单位应当根据情况及时做好解密、降密工作。

（十五）各地方、各部门要切实加强对科技成果转化工作的组织领导，及时研究新情况、新问题，加强政策协同配合，优化政策环境，开展监测评估，及时总结推广经验做法，加大宣传力度，提升科技成果转化的质量和效率，推动我国经济转型升级、提质增效。

（十六）《国务院办公厅转发科技部等部门关于促进科技成果转化若干规定的通知》（国办发〔1999〕29号）同时废止。此前有关规定与本规定不一致的，按本规定执行。

拓展资料 3–7

武汉市促进科技成果转化的若干政策措施

武政〔2024〕2号

为深入实施创新驱动发展战略，构建以“用”为导向的科技成果转化体系，系统解决科技成果转化“最后一公里”和科技企业培育“最初一公里”问题，将科教人才优势转化为创新发展优势，加快形成新质生产力，推进武汉具有全国影响力的科技创新中心建设，特制定本政策措施。

一、打造校地深度融合发展先行区

（一）促进高校院所服务地方产业发展。推进环大学创新经济带建设，各区、各有关部门以产业需求为导向，主动对接服务高校院所，加快建设创新街区（园区、楼宇）和各类众创孵化载体，持续优化创新创业环境。（责任单位：市科技创新局，各区人民政府〈含开发区、长江新区、东湖风景区管委会，下同〉）开展在汉高校院所服务地方贡献度评价，将人才留汉使用、科技成果转化、服务地方发展等情况，作为地方对在汉高校院所建设用地、财政资金等支持的重要依据，择优给予最高3 000万元综合奖补。（责任单位：市教育局、市人才工作局、市科技创新局、市自然资源和城乡建设局、市财政局，各区人民政府）深化校（院）地合作联席会议机制，统筹协调高校院所与地方产业融合发展过程中遇到的主要问题。（责任单位：市教育局、市科技创新局，各区人民政府）

（二）深化职务科技成果赋权改革。支持高校院所、医疗卫生机构、国有企业、具有科研活动能力的企事业单位开展赋权改革，授予成果完成人（团队）权属比例不低于70%的职务科技成果所有权，赋予科研人员不低于10年的职务科技成果长期使用权。成果完成人（团队）在本单位登记职务科技成果后，单位无正当理由超过1年未组织实施转化的，成果完成人（团队）可自行投资实施或者与他人合作实施科技成果转化，单位应当对成果完成人（团队）的科技成果转化活动予以支持配合。探索职务科技成果单列管理制度，以作价入股等方式转化职务科技成果形成国有资产的减值及破产清算，区别于现行国有资产形成的股权，不纳入国有资产保值增值管理考核范围。单位可自主决定职务科技成果转让、许可或者作价投资，除涉及国家秘密、国家安全外，不需报主管部门、财政部门审批。探索职务科技成果“先用后转”模式，鼓励和引导单位将职务科技成果通过约定“先免费试用再有偿转化”的方式实施转化，支持企业承接科技成果转化，降低科技成果转化门槛。(责任单位：市科技创新局、市教育局、市卫健委、市政府国资委、市财政局)

(三) 强化职务科技成果转化激励。高校院所、医疗卫生机构等单位科技成果转化收益全部留归本单位，纳入单位预算，实行统一管理，不上缴国库。科研人员在职务科技成果转化中开展技术交易活动并办理技术合同登记的，可按照规定获得70%~99%的现金奖励或者股权激励，并按税法规定享受个人所得税优惠政策。职务科技成果转化后，科技成果完成单位按规定给予个人的现金奖励，计入当年本单位绩效工资总量，不受核定的绩效工资总量限制，不纳入绩效工资总量基数。对完成科技成果转化作出突出贡献的单位正职领导，经上级主管部门批准后，可按照规定获得股权激励。对承担职务科技成果转化的技术转移机构工作人员和管理人员，可按照规定获得转化收益。(责任单位：市科技创新局、市教育局、市卫健委、市财政局、市人社局、市税务局)

(四) 加大科技人才培育力度。每年引育10个高端创新团队，深化顶尖人才“一事一议”引进机制，根据人才需求提供定制化支持。(责任单位：市人才工作局，各区人民政府) 启动“探索计划”，支持不少于1 000名青年科技人才自主选题、自由探索，以“用”为导向开展前沿应用基础研究。支持科研团队参加中国创新创业大赛、“武创源”颠覆性技术创新大赛等赛事活动，对获奖项目在汉落地转化的创业团队或者企业，根据项目成熟度对应市科技计划体系予以资金支持。(责任单位：市科技创新局，各区人民政府)

(五) 提升创新平台成果产出效能。支持在汉企业、技术转移机构、创投机构等市场主体对接国家实验室 (基地)、全国重点实验室、重大科技基础设施、湖北实验室等创新平台，推动具有市场前景的原创性成果、颠覆性技术产出。鼓励创新平台以产业需求为导向，通过“平台+企业+基金”模式推进创新成果“沿途下蛋”“沿途转化”。探索本地科研项目结余经费循环投入机制，支持创新平台通过利用结余经费依法成立项目公司、开展转化投资等方式用于科技成果转化，形成的收益反哺项目研发。（责任单位：市科技创新局、市发改委、市财政局，各区人民政府）

二、打造创新成果场景应用优选区

（六）发挥场景应用牵引作用。发布场景应用开放清单，围绕基层治理、社会民生、产业升级、科技创新等领域，鼓励行政机关、医疗卫生机构、国有企事业单位和有条件的民营企业开放场景资源。认定一批创新成果场景应用友好单位，鼓励其提供创新成果应用机会，帮助企业实现技术迭代升级和产品应用推广，加速创新成果落地转化。（责任单位：市科技创新局、市发改委、市经信局、市卫健委、市政府国资委、市数据局，各区人民政府）

（七）加快“四新”“四首”推广应用。推动“四新”（新技术、新工艺、新材料、新产品）就地应用，支持参加“武创荟”系列赛事活动，增加产业应用机会。支持“四首”（首台重大技术装备、首批次新材料、首版次软件、首轮次工程流片芯片）市场首用，重点支持投入市场应用和产业化，并择优给予单个项目最高1 000万元支持。（责任单位：市经信局、市科技创新局、市发改委，各区人民政府）在政府采购中合理设置首创性、先进性等评价因素，不得以规模、成立年限、市场业绩等为由限制“四首”产品企业的参与投标资格。对需采购“四首”产品的，可采用单一来源采购方式。（责任单位：市财政局、市经信局、市科技创新局、市发改委，各区人民政府）

（八）发挥企业创新主体作用。每年打造10个技术（产业）创新中心，提升全市重点产业领域技术创新能力。支持科技领军企业牵头，联合产业链上下游中小企业及相关科研机构组建产业创新联合实验室。聚焦我市重点产业领域，以“揭榜挂帅”“军令状”等方式组织重大关键核心技术攻关，每年推进科技重大专项不少于10项，择优给予单个项目最高3 000万元支持，并赋予技术路线自主选择权和资金使用支配权。（责任单位：市科技创新局，各区人民政府）

（九）支持科技型企业创新发展。实施“育苗计划”，遴选1 000家初创科技型企业，以3年为一个实施周期压茬进行，采取逐年淘汰、滚动支持等方式，持续培育细分领域具有较强竞争力的高新技术企业。实施“跃升计划”，鼓励科技型企业依托高校院所建立企校联合实验室，推动首次纳入高新技术产业统计名录的跃升企业建立企业研发中心，并予以建设补贴。实施“瞪羚计划”，精选一批创新能力强、专业领域新、成长速度快的骨干高企，提升核心竞争力，加速晋级为“瞪羚企业”。实施“引领计划”，发挥科技领军企业产业链龙头作用，持续提升产业链发展能级和整体竞争力，协同引领中小企业打造创新集群。设立“武创券”，支持科技型中小企业购买技术研发、中试熟化、技术转移等科技服务，建立服务机构库及服务事项清单，实行动态管理、定期更新。（责任单位：市科技创新局、市经信局，各区人民政府）

三、打造成果转化创新生态示范区

（十）推动中试平台提档升级。优化布局一批重点中试平台，持续推进各级中试平台开放共享，为科技成果提供中试熟化、检验检测等服务。在综合关键大型仪器设备投入成本和中试平台对外开放频次、服务质量、产出成效的基础上，择优给予中试平台最高1 000万元支持。每年建设10家科技成果转化中心，打造具备技术研发、中试熟化、检验检测等功能的综合服务载体，吸引集聚各类创新资源和要素。（责任单位：市科技创新局，各区人民政府）

（十一）推进新型研发机构提质增效。以科技成果转化为导向，支持国内外知名高校院所在汉组建新型研发机构，提供“订单式”研发转化服务，助力产业动能转换和升级。通过导入创新需求等方式，打通“技术研发+中试熟化+技术转移+投资融资+企业孵化”成果转化链条，全面优化提升新型研发机构功能。进一步支持武创院高质量发展，推动武创院总部基地建设，鼓励武创院先行先试、积极探索，构建完善“政产学研金服用”创新转化体系。（责任单位：市科技创新局，各区人民政府）

四、打造技术转移转化交易活力区

（十二）建设辐射全国的技术交易大市场。大力引进全国知名技术转移机构，打造多元主体协同、线上线下融合的技术市场枢纽，加快形成服务武汉都市圈、长江中游城市群，链接长三角、粤港澳大湾区，辐射全国的技术交易大市场。加快完善技术交易服务链条，健全协议定价、挂牌交易、拍卖、资产评估等多元化科技成果市场交易定价模式，提供科技成果转移转化涉及的发布、验证、评估、交易、登记、展示、投融资、财会、法务、知识产权等各类服务。支持高校院所和企业科技成果进场交易，组织在一定时期内未转化的财政性资金支持形成的成果进场集中发布信息并推动转化。（责任单位：市科技创新局，各区人民政府）

（十三）培育壮大技术转移专业力量。鼓励有条件的在汉高校院所开设科技成果转移转化课程，开展技术转移专业学历教育，培养高层次技术转移人才。支持在汉高校院所设立技术转移办公室、技术转移中心等内设机构，或者联合企业设立专业化技术转移机构，为高校院所科技成果转移转化提供综合性服务。（责任单位：市教育局、市科技创新局）打造高水平技术经纪人才队伍，探索增设技术经纪专业职称，组织开展职业能力培训和专业比赛，支持符合条件的技术经纪人按照规定申报武汉英才计划。（责任单位：市人社局、市科技创新局、市人才工作局）

（十四）支持开展技术交易活动。支持在汉企业购买高校院所、医疗卫生机构、新型研发机构的科技成果，按照上年度技术开发、技术转让和技术许可实现技术交易额的8%给予企业奖励，每家企业每年最高100万元；按照以上实现技术交易额的2%给予在汉成果完成单位奖励，每家单位每年最高100万元；按照以上实现技术交易额的1%给予提供服务的在汉技术转移机构奖励，每家机

构每年最高 150 万元，其中对技术经纪人的奖励不低于实现技术交易额 30%。(责任单位：市科技创新局)

五、打造成果转化综合服务集成区

(十五) 建设“武创通”科创服务平台。编制产业创新图谱，精准把握产业发展态势，深入分析产业优势及短板，大力培育或者招引重点企业与人才。以产业创新图谱为依托，以科技中小企业需求为牵引，基于新一代数字技术与专利技术分析研究，开展成果转化梯度培育，推动成果从样品、小试、中试走向商业化和产业化，促进创新链、产业链、资金链、人才链深度融合。围绕创新端和需求端构建全市科技创新网格，配备科技网格服务团队，做好政策宣传、跟踪服务、成果转化等工作。建立产业诊断、企业需求、科研团队、创新成果、金融资本五个导航系统，实现线上智能匹配、线下精准对接。(责任单位：市科技创新局，各区人民政府)

(十六) 加强知识产权管理服务。加大武汉知识产权保护中心、快速维权中心建设力度，充分发挥武汉仲裁委员会知识产权仲裁院作用，深入推进知识产权保护领域多元化纠纷解决机制建设。(责任单位：市市场监管局、武汉经济开发区管委会、武汉仲裁委办公室) 加快布局高价值专利培育中心，提升知识产权创造质量。加强产业知识产权运营中心建设，推动知识产权转移转化。探索建立高价值专利组合池，支持科技领军企业、新型研发机构和高校院所联合建立专利资源共享机制，探索专利资源“企业使用、政府补贴”等模式，推动存量专利转化为现实生产力。(责任单位：市市场监管局)

(十七) 加大科技成果股权投资力度。鼓励创投机构和天使投资人加大对科技成果转化的支持力度，重点对“投早、投小、投科创、投未来”进行投资奖励和投资损失补贴。对以增资扩股方式投资我市初创科技型企业的股权投资基金，自投资划款之日起满 2 年的，按照实际投资金额的 15%给予其管理机构奖励，每投资 1 家企业最高奖励 100 万元（仅限首次投资），每家管理机构每年最高500万元。对投资我市初创科技型企业满2年且5年内实际发生投资损失的股权投资基金，按照项目首轮投资实际损失金额的20%给予其管理机构补贴，每个项目最高补贴300万元，每家管理机构每年最高600万元。(责任单位：市地方金融管理局、市财政局，各区人民政府)

(十八) 优化科技成果信贷服务供给。鼓励设立科技金融专营组织，支持金融机构设立专门服务科技型企业的事业部、分支行、业务中心等，配备专职营销及审批人员，健全科技金融专家库。加大科技型企业贷款服务力度，建立科技型企业重点支持名单库，争取库内企业银行对接率达到100%、有效融资需求的科技企业授信率达到100%。推广“专精特新贷”等制造业专属金融产品，扩大“银税贷”“信易贷”等信用贷款产品运用，力争科技型企业贷款余额年增长10%以上。(责任单位：市地方金融管理局、市科技创新局、人行湖北省分行营管部)

(十九) 促进国有企业产业转型和改革创新。以新一轮国有企业改革深化提升为契机，支持有条件的国有企业向实体型、创新型转型。围绕战略新兴产业和未来产业，推动国有企业调节存量结构，优化增量投向，抢占产业“新赛道”。探索“聚焦一产业、培育一主业、设立引进一基金、建设运营一园区（楼宇）”模式，带动一批科技型中小企业成长壮大，形成创新型产业集群。鼓励国有企业加大研发投入、加强科技成果产出和转化，在考核企业负责人经营业绩时，可将研发投入视同利润加回。推动国有科技型企业设立专款专用的企业研发准备金。对“科改企业”实施科技成果转化分红激励等所需工资总额，在与经济效益联动的工资总额预算内解决有困难的，可实施单列管理，不列入集团公司工资总额预算基数，不与集团公司经济效益指标挂钩。(责任单位：市政府国资委，各区人民政府)

(二十) 营造宽容失误的科技创新环境。健全创新尽职免责减责机制，对科技体制改革和创新工作中出现探索性失误，未违反法律法规的禁止性规定，经过相应的决策程序，勤勉尽责，未谋取私利，未造成重大损失和社会负面影响的，依规依纪依法对其不予、免予追究责任或者从轻、减轻追究责任。（责任单位：市纪委监委机关）保护创新主体合法权益，围绕科技成果转化和产业化重点领域和关键环节，慎重对待科技创新融资、科研成果资本化产业化、科研成果转化收益中的新情况新问题，依法保护各类科技创新主体、科研人员合法财产权和创新收益。（责任单位：市法院、市检察院）

本政策措施涉及条款已有具体实施办法的，结合工作实际继续执行；涉及资金奖补支持的，由责任单位制定具体实施细则。

第六节　人类遗传资源管理

人类遗传资源包括人类遗传资源材料和人类遗传资源信息。人类遗传资源材料是指含有人体基因组、基因等遗传物质的器官、组织、细胞等遗传材料；人类遗传资源信息是指利用人类遗传资源材料产生的数据等信息资料。

采集、保藏、利用、对外提供我国人类遗传资源，或者为临床诊疗、采供血服务、查处违法犯罪、兴奋剂检测和殡葬等活动需要，采集、保藏器官、组织、细胞等人体物质及开展相关活动，应当依照相关法律、行政法规规定执行。

一、人类遗传资源管理的机构

国务院科学技术行政部门负责全国人类遗传资源管理工作；国务院其他有关部门在各自的职责范围内，负责有关人类遗传资源管理工作。

省、自治区、直辖市人民政府科学技术行政部门负责本行政区域人类遗传资源管理工作；省、自治区、直辖市人民政府其他有关部门在各自的职责范围内，负责本行政区域有关人类遗传资源管理工作。

二、人类遗传资源申报登记制度

国家加强对我国人类遗传资源的保护，开展人类遗传资源调查，对重要遗传家系和特定地区人类遗传资源实行申报登记制度。

国务院科学技术行政部门负责组织我国人类遗传资源调查，制定重要遗传家系和特定地区人类遗传资源申报登记具体办法。

三、采集、保藏、利用、对外提供我国人类遗传资源的基本原则

国家支持合理利用人类遗传资源开展科学研究、发展生物医药产业、提高诊疗技术，提高我国生物安全保障能力，提升人民健康保障水平。

外国组织、个人及其设立或者实际控制的机构不得在我国境内采集、保藏我国人类遗传资源，不得向境外提供我国人类遗传资源。

采集、保藏、利用、对外提供我国人类遗传资源，不得危害我国公众健康、国家安全和社会公共利益。

采集、保藏、利用、对外提供我国人类遗传资源，应当符合伦理原则，并按照国家有关规定进行伦理审查。

采集、保藏、利用、对外提供我国人类遗传资源，应当尊重人类遗传资源提供者的隐私权，取得其事先知情同意，并保护其合法权益。

采集、保藏、利用、对外提供我国人类遗传资源，应当遵守国务院科学技术行政部门制定的技术规范。

禁止买卖人类遗传资源。为科学研究依法提供或者使用人类遗传资源并支付或者收取合理成本费用，不视为买卖。

四、人类遗传资源的采集

采集我国重要遗传家系、特定地区人类遗传资源或者采集国务院科学技术行政部门规定种类、数量的人类遗传资源的，应当符合下列条件，并经国务院科学技术行政部门批准：

（1）具有法人资格；

（2）采集目的明确、合法；

（3）采集方案合理；

（4）通过伦理审查；

（5）具有负责人类遗传资源管理的部门和管理制度；

（6）具有与采集活动相适应的场所、设施、设备和人员。

采集我国人类遗传资源，应当事先告知人类遗传资源提供者采集目的、采集用途、对健康可能产生的影响、个人隐私保护措施及其享有的自愿参与和随时无条件退出的权利，征得人类遗传资源提供者书面同意。

在告知人类遗传资源提供者上述规定的信息时，必须全面、完整、真实、准确，不得隐瞒、误导、欺骗。

五、人类遗传资源的保藏

国家加强人类遗传资源保藏工作，加快标准化、规范化的人类遗传资源保藏基础平台和人类遗传资源大数据建设，为开展相关研究开发活动提供支撑。

国家鼓励科研机构、高等学校、医疗机构、企业根据自身条件和相关研究开发活动需要开展人类遗传资源保藏工作，并为其他单位开展相关研究开发活动提供便利。

保藏我国人类遗传资源、为科学研究提供基础平台的，应当符合下列条件，并经国务院科学技术行政部门批准：

（1）具有法人资格；

（2）保藏目的明确、合法；

（3）保藏方案合理；

（4）拟保藏的人类遗传资源来源合法；

（5）通过伦理审查；

（6）具有负责人类遗传资源管理的部门和保藏管理制度；

（7）具有符合国家人类遗传资源保藏技术规范和要求的场所、设施、设备和人员。

保藏单位应当对所保藏的人类遗传资源加强管理和监测，采取安全措施，制定应急预案，确保保藏、使用安全。

保藏单位应当完整记录人类遗传资源保藏情况，妥善保存人类遗传资源的来源信息和使用信息，确保人类遗传资源的合法使用。

保藏单位应当就本单位保藏人类遗传资源情况向国务院科学技术行政部门提交年度报告。

六、人类遗传资源的利用和对外提供

国家人类遗传资源保藏基础平台和数据库应当依照国家有关规定向有关科研机构、高等学校、医疗机构、企业开放。

为公众健康、国家安全和社会公共利益需要，国家可以依法使用保藏单位保藏的人类遗传资源。

（一）利用

国务院科学技术行政部门和省、自治区、直辖市人民政府科学技术行政部门应当会同本级人民政府有关部门对利用人类遗传资源开展科学研究、发展生物医药产业统筹规划，合理布局，加强创新体系建设，促进生物科技和产业创新、协调发展。

科研机构、高等学校、医疗机构、企业利用人类遗传资源开展研究开发活动，对其研究开发活动以及成果的产业化依照法律、行政法规和国家有关规定予以支持。

国家鼓励科研机构、高等学校、医疗机构、企业根据自身条件和相关研究开发活动需要，利用我国人类遗传资源开展国际合作科学研究，提升相关研究开发能力和水平。

利用我国人类遗传资源开展生物技术研究开发活动或者开展临床试验的，应当遵守有关生物技术研究、临床应用管理法律、行政法规和国家有关规定。

（二）国际合作

外国组织及外国组织、个人设立或者实际控制的机构（以下简称外方单位）需要利用我国人类遗传资源开展科学研究活动的，应当遵守我国法律、行政法规和国家有关规定，并采取与我国科研机构、高等学校、医疗机构、企业（以下简称中方单位）合作的方式进行。

利用我国人类遗传资源开展国际合作科学研究的，应当符合下列条件，并由合作双方共同提出申请，经国务院科学技术行政部门批准：

（1）对我国公众健康、国家安全和社会公共利益没有危害；

（2）合作双方为具有法人资格的中方单位、外方单位，并具有开展相关工作的基础和能力；

（3）合作研究目的和内容明确、合法，期限合理；

（4）合作研究方案合理；

（5）拟使用的人类遗传资源来源合法，种类、数量与研究内容相符；

（6）通过合作双方各自所在国（地区）的伦理审查；

（7）研究成果归属明确，有合理明确的利益分配方案。

为获得相关药品和医疗器械在我国上市许可，在临床机构利用我国人类遗传资源开展国际合作临床试验、不涉及人类遗传资源材料出境的，不需要审批。但是，合作双方在开展临床试验前应当将拟使用的人类遗传资源种类、数量及其用途向国务院科学技术行政部门备案。国务院科学技术行政部门和省、自治区、直辖市人民政府科学技术行政部门加强对备案事项的监管。

在利用我国人类遗传资源开展国际合作科学研究过程中，合作方、研究目的、研究内容、合作期限等重大事项发生变更的，应当办理变更审批手续。

利用我国人类遗传资源开展国际合作科学研究，应当保证中方单位及其研究人员在合作期间全过程、实质性地参与研究，研究过程中的所有记录以及数据信息等完全向中方单位开放，并向中方单位提供备份。

利用我国人类遗传资源开展国际合作科学研究，产生的成果申请专利的，应当由合作双方共同提出申请，专利权归合作双方共有。研究产生的其他科技成果，其使用权、转让权和利益分享办法由合作双方通过合作协议约定；协议没有约定的，合作双方都有使用的权利，但向第三方转让须经合作双方同意，所获利益按合作双方贡献大小分享。

利用我国人类遗传资源开展国际合作科学研究，合作双方应当按照平等互利、诚实信用、共同参与、共享成果的原则，依法签订合作协议，并依照规定对相关事项作出明确、具体的约定。

利用我国人类遗传资源开展国际合作科学研究，合作双方应当在国际合作活动结束后6个月内共同向国务院科学技术行政部门提交合作研究情况报告。

（三）对外提供

利用我国人类遗传资源开展国际合作科学研究，或者因其他特殊情况确需将我国人类遗传资源材料运送、邮寄、携带出境的，应当符合下列条件，并取得国务院科学技术行政部门出具的人类遗传资源材料出境证明：

（1）对我国公众健康、国家安全和社会公共利益没有危害；

（2）具有法人资格；

（3）有明确的境外合作方和合理的出境用途；

（4）人类遗传资源材料采集合法或者来自合法的保藏单位；

（5）通过伦理审查。

利用我国人类遗传资源开展国际合作科学研究，需要将我国人类遗传资源材料运送、邮寄、携带出境的，可以单独提出申请，也可以在开展国际合作科学研究申请中列明出境计划一并提出申请，由国务院科学技术行政部门合并审批。

将我国人类遗传资源材料运送、邮寄、携带出境的，凭人类遗传资源材料出境证明办理海关手续。

将人类遗传资源信息向外国组织、个人及其设立或者实际控制的机构提供或者开放使用，不得危害我国公众健康、国家安全和社会公共利益；可能影响我国公众健康、国家安全和社会公共利益的，应当通过国务院科学技术行政部门组织的安全审查。

将人类遗传资源信息向外国组织、个人及其设立或者实际控制的机构提供或者开放使用的，应当向国务院科学技术行政部门备案并提交信息备份。

利用我国人类遗传资源开展国际合作科学研究产生的人类遗传资源信息，合作双方可以使用。

七、服务和监督

国务院科学技术行政部门应当加强电子政务建设，方便申请人利用互联网办理审批、备案等事项。

国务院科学技术行政部门应当制定并及时发布有关采集、保藏、利用、对外提供我国人类遗传资源的审批指南和示范文本，加强对申请人办理有关审批、备案等事项的指导。

国务院科学技术行政部门应当聘请生物技术、医药、卫生、伦理、法律等方面的专家组成专家评审委员会，对依照本条例规定提出的采集、保藏我国人类遗传资源，开展国际合作科学研究以及将我国人类遗传资源材料运送、邮寄、携带出境的申请进行技术评审。评审意见作为作出审批决定的参考依据。

国务院科学技术行政部门和省、自治区、直辖市人民政府科学技术行政部门应当加强对采集、保藏、利用、对外提供人类遗传资源活动各环节的监督检查，发现违反规定的，及时依法予以处理并向社会公布检查、处理结果。

国务院科学技术行政部门和省、自治区、直辖市人民政府科学技术行政部门进行监督检查，可以采取下列措施：

（1）进入现场检查；

（2）询问相关人员；

（3）查阅、复制有关资料；

（4）查封、扣押有关人类遗传资源。

任何单位和个人对违反本条例规定的行为，有权向国务院科学技术行政部门和省、自治区、直辖市人民政府科学技术行政部门投诉、举报。

国务院科学技术行政部门和省、自治区、直辖市人民政府科学技术行政部门应当公布投诉、举报电话和电子邮件地址，接受相关投诉、举报。对查证属实的，给予举报人奖励。

第四章　科技法律责任

第一节　法律责任的概述

一、法律责任概念和特征

法律责任是法学的基本概念，也是法律的制定和实施过程中的一大重要问题。法律责任是“法律”与“责任”的合成概念。“责任”是我们日常生活中经常使用的词汇，与法律权利、法律义务等概念一样，责任也是一个基本的法律概念，是法律思维或法律推理中的一个基本构成要素。为了界定法律责任这一概念，需要对“责任”进行分析。但是，“责任”是一个在许多不同意义上被使用的概念且其在与法律有关的文献中通常被按照不同的语义来进行使用，因此对于法律责任的界定就有一定的困难。那么，责任或法律责任基本语义类型有哪些？

“责任”通常包含两种密切联系的含义：一是指社会个体应做好相应事情的义务。此责任实际上是一种角色义务，即个体在社会中通常具有一定的职位或者地位，如维护社会治安稳定是警察的责任，救死扶伤是医护人员的责任等。二是社会中的每一位个体如果没有做好分内的事情，就有可能要为其不作为承担相应的不利后果。如矿主需要对矿产安全生产事故负有相应的责任等，此时的“责任”区别于“义务”。

法律责任通常被分为广义的法律责任和狭义的法律责任。广义上的法律责任主要指社会主体均应当遵守现有的法律，自觉地维护法律尊严的义务。狭义上的法律责任主要指违反法律的主体需要对其做出的违法行为承担的不利法律后果，但在实际使用中却会产生一定的混乱。通常情况下，我们可以将典型意义上的法律责任定义为：由于违反法律规定的义务或当事人约定的义务而必须承担的具有直接强制性的特定义务，即违反第一性义务而引起的第二性义务。法律责任的承担方式即是通过法律手段对责任主体进行相应制裁。

法律责任具有五个突出特征。

（1）违法性。法律责任是因为行为人违反法律的或约定的义务而产生的相应责任。

（2）法定性。法律是责任主体需要承担法律责任的最终依据，法律明确规定了法律责任的性质、范围、大小、期限等内容。只有法律明确对违法行为的性质和后果进行规定，才能追究行为人应负的法律责任。

（3）国家强制性。法律责任的实现是由国家强制力保证实施，即当责任人不能够主动地承担其应承担的责任时，国家将会直接运用强制力保障履行，具有必须承担和实现的性质。

（4）责任主体承担的是不利法律后果。当事人在其主观上具有过错的条件下，客观上以作为或者不作为的方式对他人或社会的合法利益造成侵害，就必须应当对此承担责任。在此情况下，法律责任即为直接由违法行为引起的不利法律后果。

（5）法律责任具有内在逻辑性。法律责任是由责任主体自由意志支配下的行为所引起的合乎逻辑的不利法律后果，具有前因与后果的逻辑关系，即行为与后果之间具有因果关系。

二、法律责任的种类

根据不同的标准，我们可以对法律责任进行不同的分类。如按照法律责任的承担是否以过错为前提为标准可以将其分为过错责任和无过错责任，按照责任承担主体的不同可以将其分为自然人责任、法人责任与国家责任等。但是，在司法实践中，法律责任最基本的分类标准是根据法律责任的性质和程度不同，将其分为民事法律责任、行政法律责任、刑事法律责任与违宪法律责任等。

（一）民事法律责任

民事法律责任是指公民、法人或非法人组织等民事主体因违反法律规定或当事人之间的合同约定而依法承担的法律责任。民事责任是现代社会常见的法律责任，主要表现为具有补偿意义的财产法律责任，在确定财产责任范围的大小时，通常是按照补偿性原则来确定的，即按照不履行民事义务和侵权行为所造成的实际经济损失确定赔偿数额，是一种等价赔偿。民事责任的责任承担主体为具有民事责任能力的自然人、法人、非法人组织等。在个别情形下，国家也可成为民事责任的主体。民事责任通常包括缔约过失责任、违约责任及侵权责任等。

根据《民法典》第179条规定，承担民事责任的方式主要有：

（1）停止侵害；

（2）排除妨碍；

（3）消除危险；

（4）返还财产；

（5）恢复原状；

（6）修理、重作、更换；

（7）继续履行；

（8）赔偿损失；

（9）支付违约金；

（10）消除影响、恢复名誉；

（11）赔礼道歉。

以上承担方式，可以单独适用，也可以合并适用。

（二）行政法律责任

行政法律责任是指因违反行政法或基于行政法规定事由而应当

承担的法律责任。行政法律责任既包括行政主体及其工作人员在行政管理过程中因违法失职、滥用职权或行政不当而产生的行政法律责任，也包括公民、法人等行政相对人违反行政法的相关规定而产生的行政责任。行政法律责任的种类分为制裁性行政责任和补救性行政责任。制裁性行政责任包括通报批评，没收、追缴或责令退赔违法所得，行政处分等。补救性行政责任包括赔礼道歉、恢复名誉、返还权益、履行职责、撤销违法决定、行政赔偿等。

行政处罚和行政处分是行政法律责任承担的重要方式。行政处罚是指行政主体依法定职权和职责且在法律规定的范围内对违反行政法律规范的行政相对人给予行政法律制裁的行政行为。简而言之，行政处罚就是由具有行政处罚权的行政主体实施的行政行为。其处罚对象是违反行政管理秩序的公民、法人或者其他组织，即从事违法行为的当事人。被处罚行为是指行政处罚所针对的违法行为，即违反行政法律规定，造成行政管理秩序紊乱的行为。处罚内容是对当事人的“惩戒”，即通过减损当事人的权益或者增加当事人的义务来使行政相对人得到一定的“惩戒”。公民、法人或者其他组织违反行政管理秩序的行为，依法应当给予行政处罚的，行政机关必须对事实进行查明，违法事实不清的，不得给予行政处罚。

根据《行政处罚法》第 9 条规定，行政处罚的种类有：

（1）警告、通报批评；

（2）罚款、没收违法所得、没收非法财物；

（3）暂扣许可证件、降低资质等级、吊销许可证件；

（4）限制开展生产经营活动、责令停产停业、责令关闭、限制从业；

（5）行政拘留；

（6）法律、行政法规规定的其他行政处罚。

行政处罚是我国行政执法的一种重要方式。

行政处分是内部行政行为。行政处分是指国家行政机关在其内部，依照行政隶属关系对违法失职的国家公职人员进行惩罚的一种措施。其处罚对象与行政处罚不同，包括国家行政机关公务员和国家行政机关任命的其他人员等。被处罚的行为是指国家公职人员违反法律规定或违法失职行为。行政处分包括警告、记过、记大过、降级、撤职、开除。

（三）刑事法律责任

刑事法律责任是指行为人因实施违反刑事法律的行为而应当承担的不利后果。刑事法律责任的主体包括一般公民、法人和其他社会组织。承担刑事责任的前提是实施具有严重社会危害性的行为，其内容主要包括国家对犯罪行为的否定性评价和对犯罪人的谴责。要想行为人承担相应的刑事法律责任必须要满足刑法所规定的犯罪构成要件，即“法无明文规定不为罪”。

在我国，与民事法律责任、行政法律责任等法律责任相比，刑事法律责任的基本特征包括如下。

（1）刑事责任规范的法定性。刑事责任的法定性包括内容的法定性和形式的法定性。刑事责任是以刑法规定的刑罚处罚、非刑罚处罚措施或者单纯有罪宣告之否定性评价为具体内容的责任。行为人对其行为是否应当承担刑事责任、承担何种程度的刑事责任以及如何承担刑事责任等内容都应由刑法事先明确加以规定，司法机关在追究犯罪行为人的刑事责任时也必须严格依照刑法的规定以及刑事诉讼法的程序进行。

（2）刑事责任承担方式的严厉性。由于犯罪行为是所有违法行为中危害性最大的，因此将刑事责任确定为法律责任中最严厉的一种责任。刑事法律责任的严厉性主要表现在其实现方式上，作为刑事责任的主要实现方式的刑罚，不仅可以剥夺犯罪人的财产或者政治权利，而且可以限制乃至剥夺犯罪人的自由，甚至可以剥夺犯罪人的生命权利。

（3）刑事责任的专属性。刑事责任的专属性是指这种责任是一种严格的个人责任，只能由实施违反刑事法律行为的人即犯罪者本人承担，也就是说罪责自负、反对株连。刑事责任不能转嫁他人，也不能由他人代为承担。即使是在犯罪人死亡或者丧失刑事责任能力后，由其实施的犯罪行为所引起的刑事责任就因此消灭，司法机关不能够要求他人代为承担，其他无罪者也不能主动代替犯罪人承担刑事责任或分担其刑事责任。

（4）刑事责任具有强制性。刑事法律责任不以个人的意志为转移，不受犯罪行为人是否愿意承担刑事责任的影响，也不受被害人是否追究犯罪人的刑事责任的影响。它表现为国家和犯罪人之间的关系，国家由司法机关代表其强制犯罪人承担刑事责任。在公诉案件中，以国家名义由国家机关实施上诉、审判、执行等活动。此外，刑事责任的价值取向直接反映了国家意志，以国家的价值取向为基础。

刑罚和保安处分是追究刑事责任的制裁措施。保安处分有广义和狭义之分。最广义的保安处分是指为了防止犯罪的危险，保持社会治安，对一切被认为有害的人或物所采取的刑事司法处置或行政处分，以及为了保护或者矫正行为人而采取的改善、教育、保护措施等。狭义的保安处分是指为了防止再次犯罪，由法院宣告的代替刑罚或者补充刑罚而适用的对人的保安处分。究其根本，保安处分是国家为了保护社会秩序，对犯罪行为人采取的有司法处分性质的措施。

在我国，主要适用广义的保安处分，目前我国刑法所呈现的保安性措施包括专门矫治教育、强制医疗、驱逐出境、从业禁止以及社区矫正等。具体规定如下。

第一，对未成年人的收容教养。我国《刑法》第 17 条第五款规定："因不满十六周岁不予刑事处罚的，责令其父母或者其他监护人加以管教；在必要的时候，依法进行专门矫治教育。"收容教养的期限一般为 1~3 年。

第二，对精神病人的强制医疗。我国传统的强制医疗有三种方式：一是保安型强制住院；二是医疗保护型住院；三是救助型强制医疗。我国《刑法》第 18 条第一款规定了保安型强制住院，"精神病人在不能辨认或者不能控制自己行为的时候造成危害结果，经法定程序鉴定确认的，不负刑事责任，但是应当责令他的家属或者监护人严加看管和医疗；在必要的时候，由政府强制医疗。”医疗型保护住院指法定代理人或监护人根据精神科医师的建议，决定将精神病患者住院治疗。救助型强制医疗即民政机关实施的对生活困难的精神病人和无家可归的精神病人的强制医疗。

第三，对管制犯、缓刑犯的禁止令。禁止令是法院为降低犯罪人的再犯几率而在作出判决时对无需监禁的犯罪人附加的一种行为和场合禁止。我国《刑法》第 38 条第二款规定：“判处管制，可以根据犯罪情况，同时禁止犯罪分子在执行期间从事特定活动，进入特定区域、场所，接触特定的人。”第 72 条第二款规定：“宣告缓刑，可以根据犯罪情况，同时禁止犯罪分子在缓刑考验期限内从事特定活动，进入特定区域、场所，接触特定的人。”在实践中，各地法院也制定出各种情形的禁止令，如“禁止出入高档场所”“禁止高消费”[①] “禁止进入学校、幼儿园”[②] “禁止接触被害人”[③] 等。

第四，对犯罪物品的没收。该举措强调了法律对公民人身自由及财产的保障，也为保安处分制度做出了事实上的宣告。我国《刑法》第 64 条规定：“犯罪分子违法所得的一切财物，应当予以追缴或者责令退赔；对被害人的合法财产，应当及时返还；违禁品和供犯罪所用的本人财物，应当予以没收。没收的财物和罚金，一律上缴国库，不得挪用和自行处理。”

第五，对职业犯罪的职业禁止。职业禁止是针对违背职业道德

---

① 邱再权、蔡志清合同纠纷执行审查案，广西壮族自治区高级人民法院执行裁定书（2019）桂执复 103 号。

② 被告人钟某某危险驾驶案，湖南省衡阳市珠晖区人民法院刑事判决书（2017）湘 0405 刑初 5 号。

③ 党培明、党得权故意伤害、裴有芳包庇案，青海省高级人民法院刑事附带民事裁定书（2015）青刑一终字第 18 号。

操守、利用职务或职业便利而犯罪的人禁止其在刑罚执行完毕的一定期间内从事与犯罪相关的职业的一种附加刑。我国《刑法》第37条之一的规定："因利用职业便利实施犯罪，或者实施违背职业要求的特定义务的犯罪被判处刑罚的，人民法院可以根据犯罪情况和预防再犯罪的需要，禁止其自刑罚执行完毕之日或者假释之日起从事相关职业，期限为三年至五年。被禁止从事相关职业的人违反人民法院依照前款规定作出的决定的，由公安机关依法给予处罚；情节严重的，依照本法第313条的规定定罪处罚。其他法律、行政法规对其从事相关职业另有禁止或者限制性规定的，从其规定。"

刑罚是刑法所规定的由国家审判机关对犯罪人所适用的限制或剥夺其某种权益的强制性制裁方法。根据我国《刑法》第33条、第34条、第35条的规定可知，刑罚包括主刑和附加刑，主刑有管制、拘役、有期徒刑、无期徒刑、死刑，附加刑有罚金、剥夺政治权利、没收财产等处罚，有关外国人犯罪，可以独立或附加适用驱逐出境。此外，需要进行单独说明的情况有《刑法》第36条规定的，除承担刑罚外，犯罪分子需赔偿被害人因其犯罪行为遭受的经济损失，此时的赔偿经济损失不属于刑罚，被称为非刑罚措施，实质上是民事法律责任。《刑法》第37条规定的对于因犯罪情节轻微而免予刑事处罚的犯罪分子，给予的训诫、责令具结悔过、赔礼道歉、赔偿损失、行政处罚、行政处分等措施也不属于刑事处罚的内容。

（四）违宪责任

违宪责任是指行为主体因违反宪法而应承担的法定不利后果。我国宪法明确规定，一切法律、行政法规和地方性法规都不得同宪法相抵触；国家机关及其工作人员、各政党、社会团体、企事业单位和公民的言论或行为都不得违背宪法的原则、精神和具体内容；任何组织或者个人都不得有超越宪法和法律的特权。在我国，监督宪法实施的机关是全国人民代表大会及其常务委员会，承担宪法责任的主体主要是国家机关及其领导干部。违宪责任的追责方式包括：

（1）弹劾；

（2）罢免；

（3）撤销；

（4）宣告无效；

（5）取缔政治组织等。

违宪与违法是两个不同的概念范畴。通常情况下，违宪中的宪指的是宪法，判断违宪与合宪的标准是一个国家具有最高法律效力的宪法。违法中的法，指的是法律，判断违法与合法的标准是一个国家的法律。二者主要的区别在于"违宪"违反宪法，"违法"违反法律。

第二节 科技法律责任的类型

法律责任作为一种否定性的法律后果，主要出现在命令性规范（即规定人们必须作出一定行为的规范）和禁止性规范（即规定人们禁止作出一定行为的规范）之中。因此，在一些主要由命令性规范和禁止性规范构成的法律之中，为了体现法律的强制性和处罚性来维护正常社会秩序运转，法律责任的内容通常占据较大比重。但对《科学技术进步法》来说，法律责任在其中处于相对次要的地位，这是主要是因为它以引导和保障科技事业发展为目的，为了实现这一目的，它的手段主要是鼓励，而不是制裁和处罚，所以鼓励性措施和授权性规范是《科学技术进步法》的主要内容，命令性规范和禁止性规范所占比例不大。但是就否定性法律后果而言，追究违法者的法律责任直接保护了当事人的合法权益，也客观上是对守法者的一种肯定和激励。因此，在法律中对违法者设置一定的惩罚措施有必然性。

一、科技法中的民事法律责任

科技民事法律责任是指科技民事违法行为人所应承担的带有强制性的科技民事法规定的责任。科技法体系由涉及科学技术的法律规范相互协调与衔接而组成，在我国法律体系中占据重要的地位。体系中存在着大量的民事法律规范，如果当事人实施的行为违反了科技法律规范，就构成民事违法行为，由此产生相应的科技民事法律责任。

关于科技民事法律责任的上述定义告诉我们：第一，科技民事法律责任具有社会性。民法调整的是平等主体之间的人身关系和财产关系，其中的财产关系是具有决定意义的部分。科技民事法调整的是科技活动中的民事法律关系，为了促进科学技术的发展，科技民事法律责任更多的体现其社会属性。第二，科技民事法律责任是由科技民事违法行为引起的。只有在发生了科技民事违法行为的情况下，才产生相应的责任追究问题，也才有科技民事法律责任的问题。第三，科技民事法律责任是由科技民事法规定的。法律责任，是法律上应负的责任。因此，无法律规定，便无法律责任。但无法律责任，不等于无责任，因为还有其他类型的责任，如行政责任、道德责任等。科技民事法律责任有科技民事法规定的特点，要求我们处理有关问题时，以科技民事法为依据。第四，科技民事法律责任具有强制性。不能因为科技民事法律责任属于民事法律责任，便认为它不是“硬责任”而是“软责任”，而对此掉以轻心。一切法律责任都由法律的强制力保障实施，都是“硬责任”。第五，科技民事法律责任追究对象是科技民事违法行为人，即法律强制力的实施对象是科技民事违法行为人。通过对科技民事违法行为人的法律强制，使已经发生的违法行为得到制止，并使已经造成的损失得到补救。

民事责任的构成要件，即为确定损害在何种情况下可以从受害人处转移给加害人的判断标准，是民事责任制度最核心的问题，也是责任承担论的前提。科技法中的民事法律责任构成要件应当也遵循一般民事责任的构成要件，具体如下：

（1）损害事实的客观存在。损害事实是指在科技活动中，行为人的行为致使权利主体的人身权利、财产权利以及其他利益受到侵害，并造成财产利益和非财产利益的减少或灭失的客观事实。损害事实根据损害对象的不同可分为财产损害和人身损害等。只有在民事违法行为致使损害结果的发生后，行为人才承担科技法中的民事法律责任。

（2）行为人实施了违法行为。违反科技法律的行为可以被视为违法行为。行为可以分为作为和不作为两类。作为是指积极的身体动作行为，即行为人以积极的身体活动实施某种被法律禁止的行为。不作为是指消极的身体动作，即行为人消极的不履行法律义务而危害社会的行为。

（3）行为人有过错。过错是指违反法律规定的行为人对其行为及其后果所具有的主观意识状态。过错包括故意和过失。故意是指积极追求损害结果的发生或明知损害结果发生的概率很大而放任自己的行为，引发损害结果的一种不良心态。过失是指应该预见自己的行为可能导致损害发生而没有预见，或者虽然预见到了损害可能发生，但由于过分轻信某些主客观条件，误认为损害结果不会发生或者可以避免。民事法律责任中以过错责任为原则，无过错责任为例外。

（4）行为人的违法行为与损害事实之间存在因果关系。在归结科技民事法律责任时，不仅要确认行为引起了损害结果或危害结果，确认这种违法或违约行为，而且要确认这一违法、违约行为与其引起的损害结果或危害结果之间具有内在的、直接的、逻辑的联系。因果关系是民事责任的重要构成要件。因果关系具有客观性、必然性和复杂性，不以人的主观意志为转移，两种现象之间有着内在的、必然的、合乎规律的引起与被引起关系。

有关科技法中的民事法律责任规范广泛分布在众多法律文件

中，如：

（1）《科学技术进步法》第 115 条规定："造成财产损失或者其他损害的，依法承担民事责任。"此时应当追究的民事法律责任包含两个条件：第一，行为人的行为违反本法的强制性、具体性规定，而非鼓励性、抽象性规定。第二，造成财产损失或者其他损害的。这里的其他损害包括但不限于名誉权、荣誉权、名称权等非财产性权利遭受的损害。

（2）《促进科技成果转化法》第 47 条、第 48 条中规定："给他人造成经济损失的，依法承担民事赔偿责任。"实施了条款规定的违法行为，且该违法行为给他人造成经济损失的，应当承担赔偿损失的民事责任。

（3）《民法典》"合同编"第八章"违约责任"中规定了继续履行、采取补救措施或者赔偿损失等违约责任，第二十章"技术合同"中规定了技术合同无效、停止违约行为、承担违约责任等民事责任类型。

（4）《著作权法》中第 52 条规定了剽窃作品、使用他人作品未支付报酬等的 11 种民事侵权行为类型，明确了承担停止侵害、消除影响、赔礼道歉、赔偿损失等民事责任。

（5）《专利法》中第 47 条规定："宣告无效的专利权视为自始即不存在。宣告专利权无效的决定，对在宣告专利权无效前人民法院作出并已执行的专利侵权的判决、调解书，已经履行或者强制执行的专利侵权纠纷处理决定，以及已经履行的专利实施许可合同和专利权转让合同，不具有追溯力。但是因专利权人的恶意给他人造成的损失，应当给予赔偿。依照前款规定不返还专利侵权赔偿金、专利使用费、专利权转让费，明显违反公平原则的，应当全部或者部分返还。"

二、科技法中的行政法律责任

科技行政法律责任是指科技行政违法行为人所应承担的带有强

制性的科技行政法规定的责任。科技行政违法行为人实施了违反科技法的行政法规范的行为。没有科技行政违法行为，也就没有科技行政法律责任。只有在发生了科技行政的违法行为的情况下，才产生责任的追究问题，也才有科技行政法律责任问题。对违法行为人进行行政制裁，具有惩罚性质，不以是否造成他人损害为前提，也不以对他人的损害进行补偿为目的。追究行政责任、实施行政制裁的目的是对违法行为人进行惩罚，使其不再违反法律规定的义务。科技行政法律责任不仅与社会责任、政治责任、家庭责任、经济责任等不同，而且与科技民事责任、科技刑事责任、一般行政责任不同。科技行政法律责任与科技民事法律责任、科技刑事法律责任及一般行政法律责任的不同点在于科技行政法律责任由科技行政法律作具体规定，而科技民事法律责任、科技刑事法律责任、一般行政法律责任分别由科技民事法、科技刑事法、一般行政法作具体规定。

科技法中的行政法律责任构成要件具体如下。

（1）行政行为主体的合法性。行政行为的主体合法必须要有三项要求：第一，行政行为必须由行政主体做出，无论是其他国家机关还是社会组织、团体、企事业单位，如果没有法律、法规、规章的授权，都没有权力作出行政行为。第二，行政行为必须以行政主体的名义实施。虽然行政行为的主体是行政主体，但行政行为的实施者却不一定是行政主体本身，有可能是行政主体的工作人员或者行政主体委托的组织或其工作人员等。第三，合议制机关的行为应通过相关会议讨论、审议，按照法定程序和要求通过才能发生法律效力。

（2）行政法律关系主体有特定的法律义务。行政违法要违反行政法律规范，侵害法律保护的行政法律关系，具有一定的社会危害性。此外，行政违法对社会、经济等秩序造成了一定的侵害，但尚未达到犯罪的程度。

（3）行政违法应当根据具体的法律规定承担相应的责任。

（4）行政违法的行为人对实施的违法行为有主观上的过错。在行政法领域，只要认定了行政违法行为，通常就不再深究行为人的主观因素，即视为行为人主观上有过错。

科技法中存在着大量的行政法律责任。

（1）《科学技术进步法》第108条规定："违反本法规定，科学技术行政等有关部门及其工作人员，以及其他依法履行公职的人员滥用职权、玩忽职守、徇私舞弊的，对直接负责的主管人员和其他直接责任人员依法给予处分。""滥用职权、玩忽职守、徇私舞弊"等行为是指行使公权力的机构或其工作人员的行为致使公共财产、国家和人民利益受到损害的行为。科学技术行政等有关部门及人员，以及其他依法履行的公职人员滥用职权、玩忽职守、徇私舞弊的，对直接负责的主管人员和其他责任人员依法给予处分。对公职人员进行处分的法律依据主要是《公务员法》《监察法》和《公职人员政务处分法》等的相关规定。第111条规定："违反本法规定，利用财政性资金和国有资本购置大型科学仪器、设备后，不履行大型科学仪器、设备等科学技术资源共享使用义务的，由有关主管部门责令改正，给予警告或者通报批评，对直接负责的主管人员和其他直接责任人员依法给予处分。"本条规定给予警告或通报批评的执法主体"有关主管部门"是指相关财政性资金的管理部门。有关部门可以采取的处罚措施包括责令改正、给予警告或者通报批评。

（2）《促进科技成果转化法》第48条前段规定："科技服务机构及其从业人员违反本法规定，故意提供虚假的信息、实验结果或者评估意见等欺骗当事人，或者与当事人一方串通欺骗另一方当事人的，由政府有关部门依照管理职责责令改正，没收违法所得，并处以罚款；情节严重的，由工商行政管理部门依法吊销营业执照。"根据本条规定，科技服务机构及其从业人员欺骗当事人的，应当承担责令改正、没收违法所得、罚款、吊销营业执照等法律责任。责令改正不属于行政处罚，而是行政机关在实施行政处罚时必须采取的行政措施。没收违法所得和罚款属于行政处罚。没收违法所得是对科技服务机构及其从业人员因欺骗当事人所得到的不正当利益予以没收。实施该处罚的前提是违法有所得，没有违法所得的不应当给予该行政处罚。罚款是行政处罚机关依法强制违反行政管理秩序的公民、法人或其他组织缴纳一定数量的货币的处罚。值得注意的是，只要科技服务机构及其从业人员存在本条例规定的违法行为，在责令改正、没收违法所得的同时应当给予罚款处罚，而不是可罚可不罚。吊销营业执照是工商行政管理机关强行收回营业执照并予以注销的一种非常严厉的处罚。根据本款规定，只有在行为人的违法行为“情节严重”时，才给予吊销营业执照的处罚。

第 50 条前段规定：“违反本法规定，以唆使窃取、利诱胁迫等手段侵占他人的科技成果，侵犯他人合法权益的，依法承担民事赔偿责任，可以处以罚款。”根据行政处罚法的相关规定可知，处罚的种类包括警告、罚款、没收违法所得、责令停产停业、暂扣或者吊销许可证、暂扣或吊销执照、行政拘留以及法律法规规定的其他行政处罚。罚款是《行政处罚法》规定的其中行政处罚种类之一，行政机关在做出较大数额的罚款等处罚决定前，应当告知当事人有要求举行听证的权利；当事人要求的，行政机关应当组织听证。在决定罚款的数额和幅度时，行政机关不能滥用自由裁量权，要坚持责任相当的原则，罚款的金额和幅度应当与违法行为的性质相适应，与违法行为的具体情节相适应，与行为人的主观恶性相适应。

（3）《行政处罚法》第 28 条第一款规定：“行政机关实施行政处罚时，应当责令当事人改正或者限期改正违法行为。”对于行政管理人实施的违法行为，行政机关应当要求其改正违法行为，消除或补救违法行为造成的后果，恢复合法状态，而不是仅仅作出处罚。

（4）《植物新品种保护条例》（2014 年修订）第 41 条规定：“省级以上人民政府农业、林业行政部门依据各自的职权在查处品种权侵权案件和县级以上人民政府农业、林业行政部门依据各自的职权在查处假冒授权品种案件时，根据需要，可以封存或者扣押与案件有关的植物品种的繁殖材料，查阅、复制或者封存与案件有关的合同、账册及有关文件。”查封是行政机关对公民、法人或者其他组织的场所、设施或者财物就地封存，不允许任何组织和个人使用和处分，以防止转移隐匿或毁损灭失的措施。扣押是行政机关强制扣留对公民、法人或者其他组织的财物，限制其占有和处分的措施。我国行政强制法对查封、扣押的主体、对象、程序、决定、期限、审批、保管、处理、解除等做了全面规定，有利于行政机关规范实施查封扣押措施。第 42 条规定：“销售授权品种未使用其注册登记的名称的，由县级以上人民政府农业、林业行政部门依据各自的职权责令限期改正，可以处 1 000 元以下的罚款。”责令改正属于行政命令，包括责令停止违法行为等情形。“责令改正”的目的在于让违法行为恢复到合法状态，不具有惩戒性。

三、科技法中的刑事法律责任

科技刑事法律责任是指因实施科技法律所规定的犯罪行为而造成的法律后果。这里的科技犯罪是指严重危害我国社会，违反科技法律法规并应当受刑罚处罚的行为。科技犯罪的基本特征包括严重的社会危害性、刑事违法性、应受刑罚惩罚性。严重的社会危害性是犯罪最本质最基本的特征，如果某种行为根本不可能给社会带来危害，法律就不能把它规定为犯罪，更不能对它进行惩罚。在衡量行为的社会危害性时，要用历史、发展、全面的观点看待问题，要综合考虑各种主客观情况，既要看到有形的、物质性的危害，也要看到对社会政治、对人们的社会心理带来的危害。科技犯罪不是一般的违法行为，而是触犯刑事法律的刑事违法行为，是最为严重的违法行为。触犯刑事法律是构成犯罪的前提。刑事的违法性是主客观因素的统一，要求行为人在主观上有危害社会的意图，客观上有实施危害社会的行为。对于犯罪来说，行为人应当承担的法律后果是受到刑罚惩罚。应受刑罚惩罚性将犯罪与刑罚两种社会现象紧密结合，体现出犯罪在引发的法律后果方面不同于其他一般违法行为的基本个别性。犯罪的应受刑罚惩罚性表明如果某一行为不应当受刑罚处罚，也就意味着它不是犯罪。

我国刑法学界通说观点认为，犯罪构成是我国刑法规定的、决定某一具体行为的社会危害性及其程度而为该行为构成犯罪所必需的一切客观要件和主观要件的总和。科技犯罪构成要件包括犯罪客体、犯罪客观方面、犯罪主体和犯罪主观方面。

（1）犯罪客体。犯罪客体是指我国刑法所保护的为犯罪行为所侵犯的社会关系。科技犯罪的犯罪客体即为我国刑法所保护的，为严重违反科技法的行为所侵害的权利义务关系。任何一种犯罪都必然侵犯刑法所保护的社会关系，否则就不具备严重的社会危害性，缺乏犯罪的本质特征。犯罪客体与犯罪对象不同，犯罪对象是人、物等能够凭借人的感官感知的事物，犯罪客体是生命权、财产所有权、公共安全、国家安全等凭借人的思维才能认识的观念的东西，二者是具体和抽象的差异。如盗窃罪中的犯罪客体是财产主人的财产权利，犯罪对象却是被盗窃的财产。

（2）犯罪客观方面。犯罪客观方面是指刑法所规定的，说明行为对刑法所保护的社会关系的侵犯性，行为成立犯罪所必须具备的客观事实特征。它包括危害行为、危害结果、危害行为和危害结果之间的因果关系以及犯罪的时间、地点、方法等要素。在犯罪客观方面的要件中，危害行为是一切犯罪的构成要件，危害结果是大多数犯罪的构成要件，犯罪对象及犯罪时间、地点、方法等是一部分犯罪的构成要件。

（3）犯罪主体。犯罪主体是指实施危害社会的行为并依法应当负刑事责任的自然人和单位。自然人可以成为我国刑法规定的所有犯罪的主体，单位只能成为部分犯罪的主体。自然人为犯罪主体时必须达到刑法规定的刑事责任年龄，具有刑事责任能力，实施刑法规定的危害社会的行为。我国《刑法》规定已满 16 周岁的人犯罪，应当负刑事责任。已满 14 周岁不满 16 周岁的人，犯故意杀人、故意伤害致人重伤或者死亡、强奸、抢劫、贩卖毒品、放火、爆炸、投放危险物质罪的，应当负刑事责任。已满 12 周岁不满 14 周岁的人，犯故意杀人、故意伤害罪，致人死亡或者以特别残忍手段致人重伤造成严重残疾，情节恶劣，经最高人民检察院核准追诉的，应当负刑事责任。

（4）犯罪主观方面。犯罪主观方面是指行为人对其实施的行为所必然或可能引起的危害社会的结果所持的心理态度。犯罪主观方面包括犯罪故意和犯罪过失、犯罪目的和犯罪动机等因素。

以盗窃罪为例，该罪的犯罪构成是：①客体要件：盗窃罪侵犯的客体为公私财物的所有权；②客观要件：在客观方面表现为行为人具有秘密窃取数额较大的公私财物或者多次秘密窃取公私财物的行为。窃取是指违反被害人的意志，将他人占有的财物转移为自己或者第三者（包括单位）占有。③主体要件：主体为一般主体，达到刑事责任年龄 16 周岁且具备刑事责任能力的自然人；④主观要件：在主观上表现为故意，且具有非法占有的目的。⑤盗取公私财物数额较大，或者多次盗窃、入户盗窃、携带凶器盗窃、扒窃的，才成立盗窃罪。前一种类型是普通盗窃，后四种类型是特殊盗窃。

科技法中的犯罪规范相较于其他法律规范是最具强制性的，同样分布于各种科技法律之中。

（1）《促进科技成果转化法》中第 48 条第一款规定："科技服务机构及其从业人员违反本法规定，故意提供虚假的信息、实验结果或者评估意见等欺骗当事人，或者与当事人一方串通欺骗另一方当事人的，由政府有关部门依照管理职责责令改正，没收违法所得，并处以罚款；情节严重的，由工商行政管理部门依法吊销营业执照。给他人造成经济损失的，依法承担民事赔偿责任；构成犯罪的，依法追究刑事责任。"这里的刑事责任主要是指按照刑法第 229 条关于提供虚假证明文件罪的规定追究刑事责任。《刑法》第

229条规定："承担资产评估、验资、验证、会计、审计、法律服务、保荐、安全评价、环境影响评价、环境监测等职责的中介组织的人员故意提供虚假证明文件，情节严重的，处五年以下有期徒刑或者拘役，并处罚金；有下列情形之一的，处五年以上十年以下有期徒刑，并处罚金：（一）提供与证券发行相关的虚假的资产评估、会计、审计、法律服务、保荐等证明文件，情节特别严重的；（二）提供与重大资产交易相关的虚假的资产评估、会计、审计等证明文件，情节特别严重的；（三）在涉及公共安全的重大工程、项目中提供虚假的安全评价、环境影响评价等证明文件，致使公共财产、国家和人民利益遭受特别重大损失的。有前款行为，同时索取他人财物或者非法收受他人财物构成犯罪的，依照处罚较重的规定定罪处罚。第一款规定的人员，严重不负责任，出具的证明文件有重大失实，造成严重后果的，处三年以下有期徒刑或者拘役，并处或者单处罚金。"

《促进科技成果转化法》第48条第二款规定："科技中介服务机构及其从业人员违反本法规定泄露国家秘密或者当事人商业秘密的，依照有关法律、行政法规的规定承担相应的法律责任。"这里的"法律、行政法规"主要是指保守国家秘密法及其实施条例、反不正当竞争法、刑法等法律、行政法规。

第50条规定："违反本法规定，以唆使窃取、利诱胁迫等手段侵占他人的科技成果，侵犯他人合法权益的，依法承担民事赔偿责任，可以处以罚款；构成犯罪的，依法追究刑事责任。"考虑到侵占他人的科技成果的性质比较恶劣，一些国家对类似行为规定了刑事责任，如加拿大规定了"以欺诈取得、泄露或使用他人秘密信息"以及"引诱他人泄露或使用秘密信息"构成犯罪。德国的《反不正当竞争法》规定，侵犯他人技术秘密的行为，如泄露他人技术秘密、盗用模具、以非法手段窃取他人技术秘密的行为构成犯罪，处五年以下有期徒刑或罚金。以唆使窃取、利诱胁迫等手段侵占他人的科技成果涉及侵犯知识产权罪。《刑法》第219条规定了侵犯商业秘密罪。根据该条规定，以盗窃、贿赂、欺诈、胁迫、电子侵入或者其他不正当手段获取权利人的商业秘密；披露、使用或者允许他人使用以前项手段获取的权利人的商业秘密，给商业秘密的权利人造成重大损失的，处三年以下有期徒刑，并处或者单处罚金；造成特别严重后果的，处三年以上十年以下有期徒刑，并处罚金。刑法中所称的“商业秘密”，是指不为公众所知，能为权利人带一定的经济利益，具有实用性并经权利人采取保密措施的技术信息和经营信息。

（2）《科学技术进步法》第115条规定：“违反本法规定的行为，本法未作行政处罚规定，其他有关法律、行政法规有规定的，依照其规定；造成财产损失或者其他损害的，依法承担民事责任；构成违反治安管理行为的，依法给予治安管理处罚；构成犯罪的，依法追究刑事责任。”除本章前七条规定的违法行为构成犯罪时追究刑事责任外，其他违反本法规定，可能构成犯罪的行为主要包括但不限于以下几项。

①违反本法有关保密和遗传资源出境管理制度的犯罪行为。本法第一百零六条中规定，国家实行科学技术保密制度和重要的生物种质资源、遗传资源、数据资源等科学技术资源和关键核心技术出境管理制度。违反该条规定，可能构成《刑法》第334条之一规定的走私人类遗传资源材料罪和第398条规定的故意或过失泄露国家秘密罪。

②从事危害国家安全、损害社会公共利益、危害人体健康、违背科研诚信和科技伦理的科学技术研究开发和应用活动的犯罪行为。例如，非法从事生物基因工程研究的，可能构成《刑法》第三百三十六条之一规定的非法植入基因编辑、克隆胚胎罪等。

（3）《专利法》第78条规定：“违反本法第十九条规定向外国申请专利，泄露国家秘密的，由所在单位或者上级主管机关给予行政处分；构成犯罪的，依法追究刑事责任。”

（4）《电子签名法》第32条规定：“伪造、冒用、盗用他人的电子签名，构成犯罪的，依法追究刑事责任；给他人造成损失的，依法承担民事责任。”构成本条的犯罪，主要是指构成《刑法》第280条关于妨害国家机关公文、证件、印章的犯罪，伪造公司、企业、事业单位、人民团体印章的犯罪。构成该条的犯罪，必须具备以下条件：一是主观上是故意；二是客观上实施了伪造他人的电子签名的行为。对于构成犯罪的，依照《刑法》第280条的规定，伪造、变造国家机关的公文、证件、印章的，处三年以下有期徒刑、拘役、管制或者剥夺政治权利，并处罚金；情节严重的，处三年以上十年以下有期徒刑，并处罚金。伪造公司、企业、事业单位、人民团体的印章的，处三年以下有期徒刑、拘役、管制或者剥夺政治权利，并处罚金。

四、科技法中的违宪法律责任

从科技法角度看，科技法中的违宪责任是指有关国家机关制定的有关科技法的法律法规等与我国宪法的内容、原则以及精神等相抵触而产生的法律后果。这就意味着立法机关制定的法律内容与宪法的具体内容、精神、原则产生冲突，此时该法律应当依法被撤销或被宣告无效，与本书的写作意图关系并不密切，故科技法中的违宪法律责任不再赘述。

第三节　科技法律责任的实现路径

一、科技法律责任实现路径概述

（一）科技法律责任的实现路径相关概念

法律责任由受责的必为状态变为现实状态的转化过程即为法律责任的实现过程。法律责任的实现是指应承担责任的行为人所处必为状态的消除，包括实际兑现和自行消除。法律责任的实际兑现是指法律责任承担的主体由受责必为状态向现实的转化过程，即责任主体通过实践责任的实际内容如接受惩罚、强制、给予补救等结束必为状态。广义上的法律责任的实现还包括法律责任的自行解除，即责任人并未实践法律责任的内容，但由于某种原因，受责状态实际已不存在。

例如：

（1）时效届满；

（2）责任主体死亡；

（3）自诉案件中原告撤诉致使法律责任免除；

（4）某些法律责任因法律责任的相对人放弃追究责任的权利，则法律责任解除；

（5）经司法机关或其他有权机关通过判决或裁定免除法律责任时，法律责任消灭；

（6）法律规定的其他情形等。

科技法律责任的实现是指行为人因实施违反科技法律规范的行为或发生科技法律事件而由此产生的法律责任在现实中由行为人实际予以承担。如在《科学技术进步法》中，科学技术行政等有关部门及其工作人员或其他依法履行公职的人员滥用职权、玩忽职守、徇私舞弊行为，依法予以行政处分，根据相关情节严重程度，可以分别给予警告、记过、记大过、降级、撤职、开除处分的行政责任；在《促进科技成果转化法》中职工未经单位允许，泄露单位的技术秘密或实施法律规定的其他情形的应当承担民事赔偿责任，如赔偿损失等，在此责任具体确定后由侵权责任人切实承担，权利人的权利从而得到救济。如果构成犯罪，可能构成我国《刑法》规定的侵犯商业秘密罪，此时应当承担刑事责任，“情节严重的，处三年以下有期徒刑，并处或者单处罚金；情节特别严重的，处三年以上十年以下有期徒刑，并处罚金。”为境外的机构、组织、人员提供商业秘密的，“处五年以下有期徒刑，并处或者单处罚金；情节严重的，处五年以上有期徒刑，并处罚金。”经人民法院依法审判判决后，需要承担相应的刑罚和罚金责任。在法律责任的实现过程中，通过违法行为人承担责任等维护了权利人的利益，对已经受到侵害的利益进行了救济，维护了社会的公平正义，引导社会确立法治信仰、树立规则意识、尊重公共秩序。

（二）科技法律责任的减轻与免除

在我国的法律规定中，科技法律责任的免责条件和情况多种多样，一般而言，免责的条件和方式主要包括：

（1）时效免责；

（2）不诉免责；

（3）不可抗力免责；

（4）自首、立功免责；

（5）补救免责；

（6）协议免责；

（7）自助、助人免责；

（8）人道主义免责；

（9）赦免。

时效免责是指在特定的科技法律关系中，违法者的违法行为发生一定期限后，国家不再追究违法者的法律责任，即违法者不再承担强制性法律责任。时效免责在提高法院的工作效率和质量方面有着重要意义。

不诉免责即“告诉才处理”，是指在科技领域中，对于那些“不告不理”的违法行为，受害人或利害关系人不提起诉讼，司法机关便不认定和追究违法者的法律责任。在我国，不仅大多数的民事违法行为是受害人或有关人告诉才处理，有些轻微的刑事违法行为也是不告不理。

不可抗力是指当事人不能预见、不能避免且不能克服的客观情况，包括自然灾害、意外事件等。因不可抗力所造成的损害，免除当事人的部分或全部的法律责任。司法实践中，常见的不可抗力情形包括：

（1）自然灾害，如台风、地震、洪水、冰雹等；

(2) 政府行为，如征收、征用等；

(3) 社会异常事件，如罢工、骚乱等。

自首、立功免责是指对那些违法之后自动投案或有立功表现的人，免除其部分或全部法律责任。

补救免责是指对于那些已经实施违法行为，但在国家机关追究责任之前采取补救措施的人，免除其部分或全部法律责任。如在犯罪过程中，自动有效地防止犯罪结果发生的犯罪中止，应当免除或减轻当事人的处罚。补救免责的理由是违法者在国家追究责任之前已经超前履行了第二性义务。

协议免责是指加害人和受害人在法律允许的范围内通过协商的方式减轻或免除法律责任，通常出现在“私法”领域。

自助免责是对自助行为所引起的法律责任的减轻或免除。自助行为是指权利人为保护自己的权利，在情势紧迫而又不能及时请求国家机关予以救助的情况下，对他人的财产和自由施加限制，而为法律或社会公德所认可的行为。自助行为可以免除部分或全部法律责任。

人道主义免责中，财产责任的承担以责任主体的财产数额为基础，当责任主体没有能力履行全部或部分财产责任的情况下，有关的国家机关或权力主体可以出于人道主义考虑免除或部分免除责任主体的财产责任。在有责主体没有履行能力的情况下，即使法院把法律责任归结于他并试图强制执行，也不会因其不能履行而落空。

赦免是指国家依法免除或减轻责任主体的罪责或刑罚的制度。赦免主要包括大赦和特赦两种形式，在我国只有特赦而无大赦。

（三）科技法律责任的实现形式

科技法律责任的实现形式按照责任主体是主动地还是被迫地承担科技法律责任可以分为自觉履行和强制执行两种形式。主动的科技法律责任的实现由责任主体自动实现，被动的科技法律责任的实现由法定的国家机关等有权主体按照法定职权和职责通过法定程序实现。

自觉履行是指责任主体在法律责任认定之后主动向权利人履行应负的法律责任。例如，责任人虚报、冒领、贪污、挪用、截留用于科学技术进步的财政性资金或者社会捐赠资金，情节严重的，在法院作出损害赔偿的判决之后，责任主体主动向权利人支付判决书所规定的赔偿金。自觉履行主要适用于民事法律责任和行政法律责任、刑事法律责任中的财产责任。

强制执行是指国家机关运用国家强制力强制责任主体履行应负的法律责任，包括司法强制执行和行政强制执行两种形式。司法强制执行可以分为依职权的强制执行和依申请的强制执行。依职权的强制执行是指司法机关根据法律授予的职权直接强制执行法律责任。依申请的强制执行是指司法机关根据当事人的申请强制执行法律责任。这就意味着依法强制执行的前提是接到当事人的强制执行申请，司法机关只有接到当事人的强制执行申请后，才能依法强制执行当事人提交的法律文书所确定的法律责任。例如法院判决书生效后，当事人依照判决书应当缴纳罚款，经催告后拒不履行，权利人此时就拥有申请法院强制执行的权利。

下列涉及法律责任的有效法律文书可以向人民法院申请强制执行：

（1）民事或行政判决、裁定、调解书；

（2）刑事判决、裁定、调解书中有关财产责任的内容；

（3）仲裁裁决书、调解书；

（4）行政处罚决定、行政处理决定；

（5）公证机关依法赋予强制执行效力的部分债权文书；

（6）外国法院作出的判决、裁定，国外仲裁机构作出的仲裁裁决等。

二、科技民事法律责任的实现

根据《民事诉讼法》及其相关的司法解释的规定，人民法院受理公民与公民之间、公民与法人之间、法人与法人之间、其他组织之间因财产关系或人身关系提起的民事诉讼。人民法院在审理民事案件时，相关当事人可以自行和解，也可以根据当事人自愿的原则，在事实清楚的基础上进行调解。双方当事人达成有效书面仲裁协议的，应当根据仲裁协议向仲裁机构申请仲裁，有关海事、运输等发生的纠纷，当事人在合同中约定有仲裁条款或者事后达成书面仲裁协议，提交涉外仲裁机构或者其他仲裁机构仲裁的，当事人不得向人民法院起诉。由此可见，民事责任的内容丰富、种类较多，在此，我们着重讨论其中的调解、和解、诉讼、仲裁等制度。

（一）和解实现科技民事法律责任

和解是当事人在自愿的基础上，对已经发生的争议进行协商、妥协与让步并达成协议，无须第三方介入，完全自行解决争议的一种方式。和解分为诉前和解和诉中和解。诉讼前的和解是指在当事人双方发生争议后，争议双方在发生诉讼前经自愿协商达成协议，解决当事人之间的纠纷的方式。诉讼中的和解是指当事人在诉讼进行中互相协商，达成协议，解决双方争议。诉讼中的和解不论诉讼程序如何进行，只要在法院做出判决前，当事人都可以进行。

和解的主要的方式是谈判。谈判是指双方或多方当事人以追求合意为目的进行的一系列信息传递和交换的过程。谈判的目的在于相互说服对方，在合理的范围内最大限度地保护当事人的利益，从而最终达成解决纠纷或预防潜在纠纷的争议。一般来说，谈判具有两个特点。

第一，谈判是一种非规范性的纠纷解决方式。谈判是当事人自愿进行的活动，当事人发生纠纷后，通过谈判将自己的观点、立场、态度等进行详细解释，在对对方的利益进行重新衡量后，在互谅互让的基础上找出双方当事人都可以接受的纠纷解决方案。在此过程中，当事人中的任何一方都能够拒绝谈判或结束谈判，不具有任何强制性。此外，谈判达成的纠纷解决和解协议一般也不具备法律上的强制执行力。当事人之间达成的和解协议依靠当事人自觉履行，不能直接申请法院强制执行。这就意味着在和解协议达成后，如果当事人一方不愿意履行，另一方当事人只能依靠其他方式如诉讼、仲裁等纠纷解决方式。和解协议一般也具备合同的效力，如果当事人一方拒不履行，可以被视为违约，此时可以通过追究其违约责任等方式寻求法律救济。

第二，谈判的参与者只有双方当事人，而没有第三方。谈判是一种自力救济型的纠纷解决方式，完全由当事人双方沟通寻求和解，没有第三方。在谈判的过程中，双方当事人运用各种法律手段、价值观念等方式相互影响，让每一方当事人都了解自己以及对方的态度、实力等，从而调整谈判策略，更好地解决纠纷。

在谈判中，为了更好地解决争议，应当坚持以下几点。

(1) 谈判中要坚持求同存异。科技争议一般情况下比较复杂，有时不能轻易辨别是非，得到正确的结论。

(2) 谈判中应当坚持真理，在实践中要坚持实事求是的态度，争取达成统一和共识。面对科学的、先进的、正确的认识要坚持，面对错误的、落后的认识要坚决纠正，在此过程中，要坚决遵守法律。

(3) 谈判中要顾全大局。在设计有关科技的权益和利益方面，不但要考虑局部的、暂时的利益，更要考虑全面的、长远的利益。要妥善处理好主要矛盾和次要矛盾，妥善处理国家利益、集体利益和个人利益之间的关系。

和解是发生争议的双方当事人在没有第三方介入的情况下解决纠纷的一种重要手段。这种方式极大地节省了解决科技争议的费用，从形式上和心理上消除了当事人之间的对抗，有利于发生争议的双方今后仍然保持协作关系。此外，由于和解是建立在双方当事人互相谅解、互相让步、统一认识的基础上，为日后的合作排除障碍，和解在实践上也更易于贯彻执行。

(二) 调解实现科技民事法律责任

调解是指双方当事人以外的第三方应纠纷当事人的请求，以法律、法规、政策或合同约定以及社会公德为依据，对纠纷双方进行疏导、劝说，促使其互谅互让，自愿协商达成协议，解决纠纷的一种方式。调解是最重要的一种非诉讼方式。如《著作权法》中第60条规定“著作权纠纷可以调解”；《专利法》中第65条规定“进行处理的管理专利工作的部门应当事人的请求，可以就侵犯专利权的赔偿数额进行调解。”《商标法》中第60条第三款中规定“对侵犯商标专用权的赔偿数额的争议，当事人可以请求进行处理的工商行政管理部门调解。”

调解时应当遵循以下原则：

（1）自愿平等原则。当事人按照个人意愿参加调解、结束调解，当事人自愿接受调解结果。社会主体平等的享有调解权利，平等地承担由调解产生的责任和义务。

（2）调解合法原则。调解的程序和结果应当符合相关法律规定的原则和精神。当事人权利的处分必须符合法律的规定，不得损害国家、集体或第三方的利益。在调解的过程中必须依照相关程序法的规定和调解的规则。

（3）诚实信用原则。诚实守信是市场经济的基本原则，在科技争议调解中双方只有建立在相互信任、真诚合作的基础上才能进行有效的调解活动。

（4）不限制当事人诉讼权利原则：即尊重当事人的诉讼权利，不得因未经调解或者调解不成而阻止当事人向人民法院起诉。

在我国，调解的主要方式有人民调解、行政调解、仲裁调解、诉讼调解、行业调解、民间调解等。

人民调解是群众性组织即人民调解委员会的调解。人民调解委员会是在基层人民政府和基层人民法院的指导下，调解民间纠纷的群众性组织。人民调解工作必须严格遵守国家的法律、政策进行调解，必须在双方当事人自愿平等的前提下进行调解，必须在查明事实、分清是非的基础上进行调解，不得因未经调解或者调解不成而阻止当事人向人民法院起诉。

行政调解是指由相关科技行政机关主持的调解。所有的国家机关、社会团体、学校、企事业单位的行政方面，对于其所属成员之间或者所属成员与其他单位成员之间的科技争议都有调解的责任。通常情况下，行政机关主持的调解都是对民事纠纷的调解，但是对于某些行政案件如涉及行政赔偿，也可由当事人一方行政机关的上级机关主持调解。

仲裁调解是当事人就科技纠纷，提交仲裁委员会仲裁，由仲裁委员会根据有关程序法的相关规定，在审理中主持的调解。《仲裁法》第 51 条中规定“仲裁庭在作出裁决前，可以先行调解。当事人自愿调解的，仲裁庭应当调解。调解不成的，应当及时作出裁决。调解达成协议的，仲裁庭应当制作调解书或者根据协议的结果制作裁决书。调解书与裁决书具有同等法律效力。”

诉讼调解也即司法调解，是指当事人就科技纠纷，向人民法院提起诉讼时，由人民法院根据有关程序法的相关规定，在审理的过程中主持的调解。诉讼调解不适用于行政案件和刑事案件（除自诉案件外）。《民事诉讼法》第八章中规定人民法院审理民事案件，根据当事人自愿的原则，在事实清楚的基础上，分清是非，进行调解。调解不成的，应当及时做出裁决。调解达成协议的，人民法院应当制作调解书。

行业调解是指根据法律规定所设立的行业性人民调解委员会，对有关当事人之间发生的民间纠纷，依法协调、解决纠纷的制度形式。《人民调解法》第 34 条规定：“乡镇、街道以及社会团体或者其他组织根据需要可以参照本法有关规定设立人民调解委员会，调解民间纠纷。”本条规定表明除基层组织的人民调解之外，与行业组织对应或适应行业特点的人民调解也被认可。行业调解不仅解决了行业协会内部的纠纷，更有利于行业协会自治功能的发挥。

民间调解，是指纠纷当事人或其亲友邀请当地公正的亲戚、朋友、邻居等充当第三人从中主持的调解。民间纠纷主要由日常生活事件引起，化解日常生活性纠纷是民间调解的主要任务。民间调解活动具有自发性，无人组织开展，调解纠纷的范围仅限于民间纠纷，调解达成的协议也仅靠当事人自觉履行。

（三）民事诉讼实现科技民事法律责任

1. 科技民事诉讼概念及常见类型

民事诉讼是诉讼的基本类型之一，是指人民法院在当事人和其他诉讼参与人的参加下，以审理、裁判、执行等方式解决科技法领域的民事纠纷的活动，以及由此产生的各种诉讼关系的总和。其主要任务是保护当事人行使诉讼权利，确认当事人的民事权利义务关系，制裁民事违法行为从而保护当事人的合法权益，维护社会秩序。在科技法领域，常见的民事纠纷包括专利纠纷，著作权纠纷，商标权纠纷，技术合同纠纷，非专利技术纠纷，科技成果的身份权、荣誉权以及其他权益和纠纷等。

2. 科技民事诉讼特征

与调解、仲裁等方式相比，科技民事诉讼有几个特征。

（1）强制性和权威性。民事诉讼解决纠纷的过程具有强制性，其既表现在案件的受理上，也表现在裁判的执行上。与调解和仲裁的自愿前提不同，民事诉讼是法院根据法律规范解决平等主体人身关系和财产关系的民事纠纷的过程，其结果具有权威性，当事人必须接受法院的裁判结果。如果当事人一方拒不履行法院的生效判决，则另一方有权向法院申请强制执行。

（2）公权性。民事诉讼是由法院代表国家行使审判权解决平等主体之间的民事争议，审判权是公权力的一部分，因此民事诉讼具有公权性。

（3）程序性。法院是国家的审判机关，代表国家行使审判权，必须按照法定程序进行诉讼活动。当事人和其他诉讼参与人也应当根据《民事诉讼法》规定的程序实施诉讼行为，如果违反法律规定的诉讼程序，其行为不能产生法律上的效力，甚至将导致程序性制裁。

3. 以技术合同纠纷案件的民事诉讼为例的阐述

关于受案范围。对于有仲裁条款的技术合同纠纷，人民法院审理的技术合同纠纷案件主要包括以下几类：①在技术合同中有关仲裁的条款或当事人事后达成的书面仲裁协议中并未明确具体的仲裁机构。②双方当事人在确定一个具体的仲裁机构上无法达成一致，仲裁机构对待时按照没有仲裁条款或者协议且不予受理的技术合同民事案件。③在仲裁机构仲裁后并对此做出裁决的技术合同民事案件，在申请执行时，法院根据法律规定对相关裁决进行核实，仲裁裁决被人民法院裁定不予执行的，当事人可以根据双方达成的书面仲裁协议重新申请仲裁，也可以向人民法院起诉。此外，在执行完毕后，如果人民法院发现据以执行的仲裁裁决确有错误并予以撤销的，在重新处理案件时，当事人也可以选择向人民法院起诉。④有关合同争议不属于仲裁条款或者仲裁协议所约定提交仲裁的事项的技术合同民事案件。

关于诉讼时效。根据《民法典》的相关规定，有关技术合同争议的权利人向人民法院请求保护民事权利的诉讼时效期间为三年，诉讼时效期间自权利人知道或者应当知道权利受到损害以及义务人之日起计算。对于技术进出口合同，《民法典》第 594 条规定："因国际货物买卖合同和技术进出口合同争议提起诉讼或者申请仲裁的时效期间为四年。"因此，如果技术合同争议产生后，有关当事人没有约定仲裁解决的，应在上述诉讼时效内及时向人民法院提起诉讼，从而求得相应的司法保护。

关于诉诸法院的技术合同民事案件类型。第一类是技术合同违约案件。技术合同违约案件是指双方当事人对违约行为是否存在或者违约责任如何分配等问题而产生的纠纷，是最主要的技术合同民事案件。第二类是关于技术合同无效案件。技术合同无效案件是指对于属于《民法典》中无效情况之一（如第 144 条中无民事行为能力人实施的民事法律行为无效；第 146 条中行为人与相对人以虚假的意思表示实施的民事法律行为无效；第 153 条中违反法律、行政法规的强制性规定的民事法律行为无效。但是，该强制性规定不导致该民事法律行为无效的除外；违背公序良俗的民事法律行为无效等）的技术合同，当事人或有关利害关系人可以请求人民法院宣告合同无效。第三类是关于技术合同的撤销案件。技术合同的撤销案件是指对存在重大缺陷的技术合同，当事人一方可以请求人民法院裁定撤销合同所设定的权利义务关系。如《民法典》第 147 条中基于重大误解实施的民事法律行为，行为人有权请求人民法院或者仲裁机构予以撤销；第 148 条中一方以欺诈手段，使对方在违背真实意思的情况下实施的民事法律行为，受欺诈方有权请求人民法院或者仲裁机构予以撤销；第 149 条中第三人实施欺诈行为，使一方在违背真实意思的情况下实施的民事法律行为，对方知道或者应当知道该欺诈行为的，受欺诈方有权请求人民法院或者仲裁机构予以撤销。第四类是关于技术合同的变更和解除案件。技术合同的变更是指技术合同成立后，当事人在原技术合同的基础上对技术合同的内容进行修改或者补充。技术合同的解除是指技术合同有效成立后，因一方或者多方当事人的意思表示，使当事人在技术合同中设定的权利与义务关系终止的行为。技术合同解除后，对当事人不再具有法律约束力。技术合同的变更和解除案件是指当事人之间就合同是否应当变更或者解除而产生的争议。第五类是技术合同是否成立或有效的案件。技术合同是否成立或有效是指双方当事人对合同是否依法成立以及有无法律约束力产生争议时，可以向人民法院提起诉讼。

关于管辖。总体上说，技术合同属于知识产权案由，应当由享有知识产权案件管辖权的法院审理。在级别管辖方面，《最高人民法院关于审理技术合同纠纷案件适用法律若干问题的解释》第 43 条中规定技术合同纠纷案件一般由中级以上人民法院管辖。各高级人民法院根据本辖区的实际情况并报经最高人民法院批准，可以指定若干基层人民法院管辖第一审技术合同纠纷案件。其他司法解释对技术合同纠纷案件管辖另有规定的，从其规定。在地域管辖方面，技术合同本质上是合同纠纷，应使用合同案件的地域管辖规则，即约定管辖优先，双方可在合同中选择与双方或者合同有关联的地域作为管辖地，约定不明时，依据合同履行地或被告住所地确定管辖地。

关于举证责任。技术合同纠纷案件举证责任的分配原则包括一般举证规则、倒置规则和特殊情况下的责任分配。举证责任分配的一般原则即谁主张谁举证。举证责任倒置规则适用于《民事诉讼法》规定的特定情形，如产品缺陷侵权诉讼、共同危险侵权诉讼等。在特殊情况下，如果法律未具体规定，无法确定举证责任承担时，法院可以根据公平原则和诚实信用原则，综合当事人举证能力等因素确定举证责任的承担。

（四）仲裁实现科技民事法律责任

1. 科技纠纷仲裁的概念和特征

科技纠纷的仲裁是指根据双方当事人的合意，把基于一定的科技法律关系而发生或将来可能发生的纠纷处理委托给仲裁机构进行裁决的科技纠纷解决活动。

相对于和解和调解，仲裁在解决科技纠纷方面有几个特征。第一，仲裁需要达成仲裁协议。仲裁协议是指双方当事人在自愿的基础上将他们之间已经发生或者可能发生的可仲裁事项提交仲裁裁决的书面协议，包括双方当事人在合同中订立的仲裁条款和以其他书面方式在纠纷发生前或者纠纷发生后达成的请求仲裁的协议。仲裁协议不仅是一方当事人将纠纷提交仲裁的依据，而且还是仲裁庭受理仲裁的依据。根据《仲裁法》的相关规定，仲裁协议应当具有请求仲裁的意思表示、仲裁事项、选定的仲裁委员会。当事人通过仲裁方式解决纠纷的，应当达成仲裁协议，如果没有仲裁协议，一方申请仲裁的，仲裁委员会不予受理。当事人达成仲裁协议，另一方向法院起诉的，人民法院不予受理（除仲裁协议无效外）。第二，仲裁具有强制执行力。对于仲裁解决纠纷而言，即使当事人一方不自动履行，另一方当事人可以向法院申请强制执行。而对于和解和调解而言，依靠的是当事人的自觉履行。第三，仲裁的程序具有规范性。在我国《仲裁法》中对于仲裁程序的启动、仲裁的申请、受理和审理、仲裁的保全、仲裁裁决的作出以及执行等，都有非常明确的规定。规范化的仲裁程序可以保证纠纷的公正解决。

2. 仲裁原则

仲裁活动必须遵循下列基本原则：①以事实为依据，以法律为准绳；②根据事实、符合法律规定，公平合理地解决纠纷原则；③当事人自愿原则；④公正独立原则；⑤司法支持与监督原则；⑥独立行使仲裁权原则；⑦当事人权利平等原则等。

3. 仲裁庭组成

仲裁庭可以由3名仲裁员或者一名仲裁员组成。由3名仲裁员组成的，设首席仲裁员。

当事人约定由3名仲裁员组成仲裁庭的，应当各自选定或者各自委托仲裁委员会主任指定一名仲裁员，第三名仲裁员由当事人共同选定或者共同委托仲裁委员会主任指定。第三名仲裁员是首席仲裁员。

当事人约定由一名仲裁员成立仲裁庭的，应当由当事人共同选定或者共同委托仲裁委员会主任指定仲裁员。

当事人没有在仲裁规则规定的期限内约定仲裁庭的组成方式或者选定仲裁员的，由仲裁委员会主任指定。仲裁庭组成后，仲裁委员会应当将仲裁庭的组成情况书面通知当事人。

仲裁员有下列情形之一的，必须回避，当事人也有权提出回避申请：

（1）是本案当事人或者当事人、代理人的近亲属；

（2）与本案有利害关系；

（3）与本案当事人、代理人有其他关系，可能影响公正仲裁的；

（4）私自会见当事人、代理人，或者接受当事人、代理人的请客送礼的。

当事人提出的回避申请，应当说明理由。仲裁员是否回避，由仲裁委员会主任决定。

4. 仲裁申请

当事人申请仲裁应当具有以下条件：

（1）有仲裁协议；

（2）有具体的仲裁请求和事实、理由；

（3）在仲裁委员会受理的范围内。

当事人申请仲裁时应当向仲裁委员会递交仲裁协议、仲裁申请书及副本。

三、科技刑事法律责任的实现

（一）科技犯罪概念及特点

科技纠纷是在科技活动中对权利或利益分配时产生的分歧和纷争，是科技争议中冲突程度较为严重的现象。科技犯罪是指在科技活动中违反刑事法律规范的行为，相较于科技纠纷，科技犯罪的程度更深。

科技犯罪与其他领域的违法犯罪从本质上都具有危害社会性，但科技活动中的违法犯罪在表现形式上也有其特殊性，总体上来说，科技犯罪中犯罪主体知识化。首先，科学技术犯罪的主体为科技人员，其容易利用本职业务的方便条件和知识，从事与业务有关的违法犯罪活动。其次，科技犯罪的后果严重化。科技活动中犯罪行为造成的危害后果较一般犯罪行为更严重，科技犯罪破坏的社会价值大，受害者的数量多且在空间上涉及的范围广，涉及一个地域、国家甚至跨国范围。再次，科技犯罪动机呈现多样化、复杂化。就计算机网络犯罪来说，犯罪行为人的动机可以分为四类，一是获取经济利益，二是证明个人能力，三是报复社会或特定单位等，四是显示自己聪敏的心理满足等，由此可见科技犯罪动机呈现多样化、复杂化趋势。最后，科技犯罪的手段智能化。科技活动中的犯罪行为一般都借助于现代化的科技手段，更具隐蔽和欺骗性且一般不诉诸于暴力。

（二）刑事犯罪行为的具体类型

在知识产权和科技活动中，一些具体刑事犯罪行为包括：

国家工作人员、集体经济组织工作人员或者其他经手、管理公共财物的人员，非法占有职务技术成果或者职务技术成果的转让收益的，以贪污论处。

为非法获取技术成果和技术秘密，给予国家工作人员、集体经济组织工作人员或者其他经手、管理职务技术成果的人员以财物的，以行贿论处。

国家工作人员、集体经济组织工作人员或者其他经手、管理公共财物的人员，在技术开发、技术服务、技术咨询等职务技术活动中，利用职务上的便利，将属于单位的收入占为己有的，以贪污论处。

国家工作人员、集体经济组织工作人员或者其他从事公务的人员，在上述职务技术活动中，利用职务上的便利，索取或者收受对方财物的，以受贿论处。

对于在单位职务技术活动中，个人向对方提供合同规定以外的技术咨询、技术服务获取财物，侵害单位利益而发生纠纷的案件，应交由有关部门依照国家有关规定处理。

科技人员从事非职务技术活动和业余兼职活动，应当在法律和有关政策规定的范围内进行。从事非职务技术活动和业余兼职活动，侵害本单位技术权益发生纠纷的，由有关部门依照国家有关规定处理。依法保护科技人员从事业余兼职和非职务技术活动获取的合法收入。

对非法窃取技术秘密，情节严重的，以盗窃罪追究刑事责任。

侵犯商标权的犯罪。是指假冒他人注册商标，伪造、擅自制造他人注册商标标识或者销售伪造、擅自制造的注册商标标识，销售明知是假冒注册商标的商品，未经注册商标所有人许可在同一商品上使用与其注册商标相同的商标等行为，构成犯罪的。

侵犯专利权的犯罪。是指假冒他人专利的行为构成犯罪的。假冒专利的行为包括两种情形：一是未经许可使用他人真实有效的专利号、证书或文件，使人误认为使用者是该专利的专利权人，相关的产品或方法是他人的专利产品或专利方法；二是未经专利权人许可，为生产经营目的而非法制造、使用或者销售其专利产品，或者使用其专利方法。

侵犯著作权的犯罪。是指销售假冒伪劣商品罪。销售假冒伪劣商品罪是指销售者在产品中掺杂、掺假，以假充真，以次充好或者以不合格产品冒充合格产品，销售金额较大的行为。

国家工作人员、集体经济组织工作人员或者其他从事公务的人员，在技术成果转让活动中，利用职务上的便利，擅自转让单位的职务技术成果，从中索取或者非法收受他人财物的，以受贿论处。

（三）强制措施

刑事诉讼中的强制措施是指公安机关、人民检察院或人民法院为了保证刑事诉讼的顺利进行，依法对刑事案件的犯罪嫌疑人、被告人所采取的在一定期限内暂时限制或剥夺其人身自由的一种法定强制方法，包括拘传、取保候审、监视居住、逮捕、先行拘留。拘传指公安机关、人民检察院和人民法院对于未被羁押的犯罪嫌疑人、被告人，依法强制其到案接受讯问的一种强制方法。取保候审指侦查机关责令犯罪嫌疑人提供担保人或交纳保证金并出具保证书，保证其不逃避或妨碍侦查，并随传随到的一种强制措施。取保候审由公安机关执行。监视居住指人民法院、人民检察院、公安机关在刑事诉讼过程中对犯罪嫌疑人、被告人采用的，命令其不得擅自离开住所或者居所并对其活动予以监视和控制的一种强制方法。逮捕指公安机关、人民检察院和人民法院，为了防止犯罪嫌疑人或者被告人实施妨碍刑事诉讼的行为，逃避侦查、起诉、审判或者发生社会危险，而依法剥夺其人身自由，予以羁押的一种强制措施。逮捕犯罪嫌疑人、被告人，必须经过人民检察院批准或者人民法院决定，由公安机关执行。先行拘留指公安机关、人民检察院对直接受理的案件，在侦查过程中，遇到法定的紧急情况时，对于现行犯或者重大嫌疑分子所采取的临时剥夺其人身自由的强制方法。

（四）刑事法律责任的实现方式

刑事法律责任的实现是指犯罪人因实施犯罪行为而承担的法律责任得以终结的状态，其实现方式为定罪判刑、定罪免刑、消灭处理、转移处理。定罪判刑是指法院对犯罪人认定有罪作出定罪判决的同时宣告适用相应的刑罚。定罪判刑是刑事责任承担最基本的方式。定罪免刑是指法院在判决中对犯罪人作出有罪宣告，但同时决定免除刑罚处罚。定罪免刑中首先肯定了刑事责任的存在即作出有罪宣告，其次在责任的承担上不采取刑罚的方式。消灭处理，行为人的行为本已成立犯罪而应负刑事责任，但由于法律规定的阻却刑事责任事由的存在，使刑事责任归于消灭。国家不再追究行为人的刑事责任，行为人也不再负刑事责任。转移处理是指享有外交特权和豁免权的外国人的刑事责任不由我国司法机关处理，而是通过外交途径[1]予以解决。

四、科技行政法律责任的实现

（一）行政违法的概念及法律责任

行政违法是指行政法律关系主体所实施的违反行政法律规范尚未构成犯罪而依法应当承担行政责任的行为。首先，行政违法是行政法律关系主体的违法，既包括行政主体的违法也包括行政相对人的违法。只有组织或者个人以行政法主体的身份或以行政法主体的名义出现时，其违法行为才构成行政违法。其次，行政违法是违反行政法律规范但尚未构成犯罪的行为。行政违法违反了行政法律规范，对国家、社会或者其他法律主体造成一定程度的危害，具有违法性。行政违法在性质上属于一般违法，其社会危害性较小，尚未

① 《刑法》第十一条享有外交特权和豁免权的外国人的刑事责任，通过外交途径解决。

达到犯罪的程度。最后，行政违法是依法必须承担行政责任的行为。

行政违法违反了行政法律规范，按照法律相关规定应当承担相应的行政责任。行政违法所产生的法律责任通常通过行政处罚、行政处分、行政诉讼等实现，其中行政处分及行政处罚前文已述，不做赘述。需要注意的是，当事人对当场作出的行政处罚决定不服的，可以依法申请行政复议或提起行政诉讼，此时行政处罚不停止，法律另有规定除外。

（二）科技争议行政复议制度

1. 概念

科技争议行政复议制度是指在当事人进行科技活动时，行政相对人认为行政机关做出的具体行政行为侵犯其合法权益，按照法定程序和条件向该行政机关的上级行政机关或法定机关提出申请，由行政复议机关依照法定程序对具体行政行为的合法性和适当性进行审查，并依法作出行政复议决定的法律制度。

2. 行政复议的原则

行政复议应当遵循的原则包括如下。

（1）合法原则。合法原则是任何行政复议机关履行行政复议职责时都必须遵守的原则，行政复议机关在处理行政复议案件时，必须以事实为根据，以法律为准绳。

（2）公正原则。在行政复议制度中，主要有回避制度、听取当事人意见制度、听证制度以及专家委员会制度等，都是为了使行政复议公平公正。

（3）公开原则。行政复议活动应当公开进行，行政复议案件的受理、审理以及裁决结果要公开，有些案件也应当依据申请或者主动进行公开听证审理。

（4）及时原则。及时原则要求复议机关在尽可能短的时间内处理复议申请和审结复议案件。《行政复议法》中规定行政复议机关收到行政复议申请后，应当在五日内进行审查[①]；行政复议机构应当自行政复议申请受理之日起七日内，将行政复议申请书副本或者行政复议申请笔录复印件发送被申请人[②]等。

（5）便民原则。复议机关在行政复议案件中要尽可能为复议申请人提供便利，更不能以任何形式刁难复议申请人。

3. 行政复议的受案范围

根据《行政复议法》和有关科技法规定，公民、法人或者其他组织可以申请行政复议的事项主要如下。

（1）对行政机关作出的警告、罚款、没收违法所得、没收非法财物、责令停产停业、暂扣或者吊销许可证、暂扣或者吊销执照、行政拘留等行政处罚决定不服的。

（2）对行政机关作出的限制人身自由或者查封、扣押、冻结财产等行政强制措施决定不服的。

（3）对行政机关作出的有关许可证、执照、资质证、资格证等证书变更、中止、撤销的决定不服的。

（4）认为行政机关侵犯合法的经营自主权的。

（5）认为符合法定条件，申请行政机关颁发许可证、执照、

---

① 《行政复议法》第三十条　行政复议机关收到行政复议申请后，应当在五日内进行审查。对符合下列规定的，行政复议机关应当予以受理：（一）有明确的申请人和符合本法规定的被申请人；（二）申请人与被申请行政复议的行政行为有利害关系；（三）有具体的行政复议请求和理由；（四）在法定申请期限内提出；（五）属于本法规定的行政复议范围；（六）属于本机关的管辖范围；（七）行政复议机关未受理过该申请人就同一行政行为提出的行政复议申请，并且人民法院未受理过该申请人就同一行政行为提起的行政诉讼。对不符合前款规定的行政复议申请，行政复议机关应当在审查期限内决定不予受理并说明理由；不属于本机关管辖的，还应当在不予受理决定中告知申请人有管辖权的行政复议机关。行政复议申请的审查期限届满，行政复议机关未作出不予受理决定的，审查期限届满之日起视为受理。

② 《行政复议法》第四十八条　行政复议机构应当自行政复议申请受理之日起七日内，将行政复议申请书副本或者行政复议申请笔录复印件发送被申请人。被申请人应当自收到行政复议申请书副本或者行政复议申请笔录复印件之日起十日内，提出书面答复，并提交作出行政行为的证据、依据和其他有关材料。

资质证、资格证等证书，或者申请行政机关审批、登记有关事项，行政机关没有依法办理的。

（6）认为行政机关的其他具体行政行为侵犯其合法权益的。

（三）通过行政诉讼实现科技行政法律责任

《行政诉讼法》中规定公民、法人或者其他组织认为行政机关和行政机关工作人员的行政行为（包括法律、法规、规章授权的组织作出的行政行为）侵犯其合法权益，有权依照本法向人民法院提起诉讼。

1. 概念

科技争议行政诉讼制度是指行政相对人（在科技法中主要是科技人员和科技组织）认为科学技术行政主管部门或其他行政机关所做出的与科学技术及其活动相关的具体行政行为侵犯其合法权益而向法院提起诉讼，法院对该科学技术行政行为进行司法审查，并依法做出裁判的活动。行政诉讼解决的科技争议主要出现在科技管理过程中。

2. 行政诉讼受案范围

行政诉讼的受案范围是指哪些科技行政争议可以通过行政诉讼的方式加以解决。根据《行政诉讼法》相关规定，人民法院受理公民、法人或其他组织提起的行政争议诉讼案件包括：

（1）对拘留、暂扣或者吊销许可证和执照、责令停产停业、没收违法所得、没收非法财物等行政处罚不服而提起的诉讼；

（2）对限制人身自由或者对财产的查封、扣押、冻结等行政强制措施和行政强制执行不服而提起的诉讼；

（3）认为符合法定条件申请行政许可，行政机关拒绝颁发行政许可证或在一定期限内不答复的，或对行政机关作出有关许可的其他决定不服而提起的诉讼；

（4）对行政机关作出的有关自然资源的所有权或者使用权的决定不服的；

（5）对征收、征用决定及其补偿决定不服而提起的诉讼；

（6）申请行政机关履行保护人身权、财产权等合法权益的法定职责，行政机关拒绝履行或者不予答复而提起的诉讼；

（7）认为行政机关侵犯经营自主权或者农村土地承包经营权、农村土地经营权而提起的诉讼；

（8）认为行政机关滥用权力排除或者限制竞争而提起的诉讼；

（9）认为行政机关违法要求履行义务而提起的诉讼；

（10）认为行政机关没有依法支付抚恤金、最低生活保障待遇或者社会保险待遇而提起的诉讼；

（11）认为行政机关不依法履行、未按照约定履行或者违法变更、解除协议（包括政府特许经营协议、土地房屋征收补偿协议等）而提起的诉讼；

（12）认为行政机关侵犯其他人身权、财产权等合法权益而提起的诉讼；

（13）法律、法规规定可以提起诉讼的其他行政案件。

我们根据科学技术活动的行政管理的主体不同可以将发生的各种行政争议及其受案范围分为两类：一是与科技行政管理机关发生的科技行政争议的诉讼受案范围；二是与其他行政管理机关发生的科技争议的诉讼范围。其他行政管理机关主要包括行业主管机关和综合性行政管理机关。行业主管机关包括采矿业、管道运输业、农业、林业、工业等行业行政管理机关。综合性行政管理机关包括税务、工商、财政部、劳动和社会保障部等机关。由于这些综合性行政管理机关是对科技活动中的某些特定的一两个方面进行专属管理，所以在其管理的过程中所产生的科技行政争议的涉及面也有限。

3. 行政诉讼程序

起诉。提起诉讼应当符合下列条件：

（1）适格的原告（原告要符合《行政诉讼法》第 25 条规定的公民、法人或者其他组织）；

（2）明确的被告；

(3) 有具体的诉讼请求和事实根据;

(4) 在法院受案范围内和受诉法院管辖无误。

受理。受理是指法院对公民、法人或其他组织的起诉进行审查,对法定条件的起诉决定立案审理,从而引起诉讼程序开始的职权行为。法院不受理以下事项提起的诉讼:

(1) 国防、外交等国家行为;

(2) 行政法规、规章或者行政机关制定、发布的具有普遍约束力的决定、命令;

(3) 行政机关对行政机关工作人员的奖惩、任免等决定;

(4) 法律规定由行政机关最终裁决的行政行为。

一审判决。行政行为有下列情形之一的,法院判决撤销或者部分撤销受诉的具体行政行为,并可以判决被告重新作出行政行为:

(1) 主要证据不足的;

(2) 适用法律、法规错误的;

(3) 违反法定程序的;

(4) 超越职权的;

(5) 滥用职权的;

(6) 明显不当的。

二审。当事人不服尚未生效的各级人民法院作出的第一审判决或裁定的,有权在法定期限内向上一级人民法院提起上诉,上级人民法院对案件进行再次审理适用的程序。当事人不服人民法院第一审判决的,有权在判决书送达之日起十五日内向上一级人民法院提起上诉。当事人不服人民法院第一审裁定的,有权在裁定书送达之日起十日内向上一级人民法院提起上诉。逾期不提起上诉的,人民法院的第一审判决或者裁定发生法律效力。第二审人民法院认为原判决或裁定事实清楚,适用法律、法规正确的,判决或裁定驳回上诉,应当维持原判决或裁定;第二审人民法院认为原判决或裁定认定事实错误或者适用法律、法规错误的,应当依法改判、撤销或者变更;第二审人民法院认为原判决认定基本事实不清、证据不足的，应当发回原审法院重审或查清事实后改判；第二审人民法院认为原判决遗漏当事人或者违法缺席判决等严重违反法定程序的，裁定撤销原判决，发回原审人民法院重审。

执行。科技行政争议中的执行，包括对人民法院作出的科技行政诉讼裁判的执行和对行政机关作出的未经诉讼程序的具体行政行为的执法。在科技行政诉讼中，如果公民、法人或者其他组织拒绝履行判决、裁定、调解书的，行政机关或者第三人可以向一审人民法院申请强制执行，或者由行政机关依法强制执行。有关未经诉讼程序的具体行为作出后，行政相对人既不在法定期限内提起诉讼，又不自动履行的，作出机关可以向法院申请强制执行或依法强制执行该具体行政行为。

参考文献

曹昌祯，2007. 科技法学——新兴法律交叉学科［J］. 科技与法律（1）：5-9.

陈乃蔚，2001. 科技法新论［M］. 上海：上海交通大学出版社.

陈兴良，2023. 规范刑法学［M］. 北京：中国人民大学出版社.

陈兆莹，2018. 关于科技评价和科技评价改革的讨论［J］. 科学通报，63（7）：611-617.

成伯清，2007. "风险社会"视角下的社会问题［J］. 南京大学学报（哲学·人文科学·社会科学），44（2）：129-135.

初萌，2024. 科技立法基本原则、监管趋势与未来展望［J］. 科技进步与对策（5）：90-98.

丛雪莲，2021. 燕京法学法律与科技［M］. 北京：中国民主法制出版社.

段瑞春，2016. 创新与法治新常态、新视野、新探索［M］. 北京：中国政法大学出版社.

韩兴，2022. 基于技术正义的科技异化法律治理研究［M］. 北京：知识产权出版社.

李玲娟，2019. 当代科技法学需要思考的几个问题［J］. 科学学研究，37（2）：199-201.

李乾贵，2018. 现代仲裁法学研究［M］. 北京：中国政法大学出版社.

李晟，2018. 略论人工智能语境下的法律转型［J］. 法学评论，36（1）：98-107.

梁军，2019. 知识产权法［M］. 成都：电子科技大学出版社.

梁迎修，2008. 方法论视野中的法律体系与体系思维［J］. 政法论坛，26（1）：61-67.
廖永安，2019. 中国调解的理念创新与机制重塑［M］. 北京：中国人民大学出版社.
罗玉中，2003. 完善我国科技法律制度的几点思考——以生命科学为例［J］. 社会科学家，18（4）：6-10.
罗玉中，2005. 科技法学［M］. 武汉：华中科技大学出版社.
马名杰，张鑫，2019. 中国科技体制改革：历程、经验与展望［J］. 中国科技论坛（6）：1-8.
马治国，赵世桥，2021. 科技法律责任的特性与制度优化［J］. 科技与法律（中英文）（1）：96-110.
泮伟江，2020. 法律系统的自我反思：功能分化时代的法理学［M］. 北京：商务印书馆.
邱星美，王秋兰，2008. 调解法学［M］. 厦门：厦门大学出版社.
孙国华，朱景文，2015. 法理学［M］. 北京：中国人民大学出版社.
孙玉荣，张蕾，2006. 科技法学［M］. 北京：北京工业大学出版社.
谈毅，仝允桓，2004. 中国科技评价体系的特点、模式及发展［J］. 科学学与科学技术管理，25（5）：15-18.
谭华霖，吴昂，2018. 我国科技成果第三方评价的困境及制度完善［J］. 暨南学报（哲学社会科学版），40（9）：32-40.
唐素琴，魏旭丹，赵宇，2023. 新科技革命对法律的挑战及应对［J］. 科技智囊（2）：44-52.
王康，2019. “基因编辑婴儿”人体试验中的法律责任——基于中国现行法律框架的解释学分析［J］. 重庆大学学报（社会科学版），25（5）：134-144.
王利明，2015. 民法［M］. 北京：中国人民大学出版社.
王利明，2018. 人工智能时代对民法学的新挑战［J］. 东方法学（3）：4-9.
魏振瀛，2017. 民法［M］. 北京：北京大学出版社.
吴汉东，2017. 人工智能时代的制度安排与法律规制［J］. 法律科学（西北政法大学学报），35（5）：128-136.
吴柯苇，2022. “十四五”时期中国科技立法理念转化与体系完善——以《科普法》为例［J］. 中国科技论坛（2）：15-22.
许可，2023. 论新兴科技法律治理的范式迭代——以人脸识别技术为例［J］. 社会科学辑刊（6）：111-120.
阳东辉，2015. 论科技法的理论体系构架——以克服科技创新市场失灵为视角［J］. 法学论坛，30（4）：44-52.
杨丽娟，陈凡，2005. 科学、技术能混同立法吗？——对我国当代科技立法的思考［J］. 科学学研究，23（4）：449-454.
杨利华，王诗童，2022. 科技创新的法律之治：科技法律体系的构建研究［J］. 科学管理研究，40（5）：2-12.
杨惜爱，邢勇，陈阳，2023. 我国第三方科技成果评价的发展实践与对策［J］. 科技管理研究，43（4）：55-61.
易继明，2001. 知识社会中法律的回应性特征［J］. 法商研究，18（4）：129-135.
易继明，李春晖，2019. 我国知识产权制度及科技法律政策之新节点——评 2017 美对华 301 调查报告及我国之应对［J］. 陕西师范大学学报（哲学社会科学版），48（1）：61-76，29.
曾炜，2022. 信息科技法律问题专论［M］. 武汉：武汉大学出版社.
张耕，2000. 地方科技立法初探［J］. 科技与法律（3）：78-80.
张圣翠，2018. 中国仲裁法制改革研究［M］. 北京：北京大学出版社.

张文显，2007. 法理学［M］. 北京：高等教育出版社、北京大学出版社.

张文显，2021. 习近平法治思想的实践逻辑、理论逻辑和历史逻辑［J］. 中国社会科学（3）：4-25，204.

张宇润，王学忠，2006. 科技法的定位和价值目标［J］. 南京大学法律评论（2）：200-213.

赵震江，1991. 法律与科学技术［J］. 科技与法律（2）：59-71.

中国科协学会服务中心，2022. 国际知识产权保护典型案例汇编［M］. 北京：法律出版社.

周海源，2016. 从政府职责到科研权利：科技法虚置化的成因与出路［J］. 华中科技大学学报（社会科学版），30（6）：68-75.

周宏虹，伍诗瑜，2019. 我国科技信息资源共享平台建设现状［J］. 科技管理研究，39（5）：174-178.

朱涛，2016. 论中国科技法的双重体系及其建构［J］. 科技与法律（5）：854-866.

朱岩，2010. 社会基础变迁与民法双重体系建构［J］. 中国社会科学（6）：151-168.